国家社会科学基金教育学一般课题

"30年我国初中综合科学课程改革的浙江经验研究——基于学生的科学探究能力发展"
（BHA190148)）研究成果

以评促探

基于标准的科学探究评价工具
设计与应用

蒋永贵 金京生 等◎著

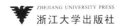
ZHEJIANG UNIVERSITY PRESS
浙江大学出版社

图书在版编目（CIP）数据

以评促探：基于标准的科学探究评价工具设计与应用 / 蒋永贵等著. —杭州：浙江大学出版社，2021.3
ISBN 978-7-308-20053-0

Ⅰ.①以… Ⅱ.①蒋… Ⅲ.①科学研究—能力培养—教学评估 Ⅳ.①G420

中国版本图书馆 CIP 数据核字（2020）第 032229 号

以评促探

——基于标准的科学探究评价工具设计与应用

蒋永贵　金京生　等著

策划编辑	吴伟伟	
责任编辑	吴伟伟　丁沛岚	
封面设计	雷建军	
出版发行	浙江大学出版社	
	（杭州市天目山路 148 号　邮政编码 310007）	
	（网址：http://www.zjupress.com）	
排　　版	杭州青翊图文设计有限公司	
印　　刷	杭州钱江彩色印务有限公司	
开　　本	710mm×1000mm　1/16	
印　　张	17.75	
字　　数	320 千	
版 印 次	2021 年 3 月第 1 版　2021 年 3 月第 1 次印刷	
书　　号	ISBN 978-7-308-20053-0	
定　　价	68.00 元	

序

1988年12月,浙江省启动了科学课程改革,决定在初中阶段实施综合科学课程。30多年来,浙江省坚持进行综合科学课程改革探索,为实现我国科学课程多样化做出了贡献,为我国科学课程改革提供了难能可贵的"浙江经验"。

综合科学课程改革不仅仅是综合性教材的编写,还涉及课程的目标与价值取向、教学理念、课程实施和教学评价等多方面问题,是一项系统工程。

就教学评价而言,由于它具有鉴别、反馈、激励、导向等多方面的功能,综合科学课程的实施、生存和发展必须有能与之配合的教学评价体系。教学评价体系不改革,综合科学课程实施一定会受到干扰、一定会遇到困难,综合科学课程就一定难以为继。所以,多年来,浙江省的不少改革者一直在这方面不懈地探索、努力。

本书是近17年来,以蒋永贵教授为首的团队在综合科学课程教学评价体系改革方面持续、系统、深入地探索与实践的成果之一。本书有下列特点:

(1)以提升学生的科技创新精神与实践能力为宗旨,指导思想明确;

(2)致力促进探究教学,坚持了改革精神;

(3)以实践探索为基础,坚持了科学精神;

(4)广泛吸收了国内外教学评价的先进理念和实践经验;

(5)既重视全面评价,又注意突出重点,重视科学探究能力评价,渗透科学精神;

(6)广泛采用检核表,便于使用和实施,也利于减少误差。

本书反映了蒋永贵教授团队研究如何解决下列具体问题的成果:①作为科学探究评价的定盘星和方向标,学生的科学探究能力主要包括哪些? 它们的优质标准分别是什么? ②如何研制科学探究评价工具,也就是怎样设计表现性评价任务与开发PTA检核量表? 如何证明研制方法的有效性? ③面向每一个学生,我们应从什么视域出发,依据怎样的科学探究教学评价观,探索将评价工具嵌入科学探究教学的范式? 具体如何来使用? ④针对科创爱好者,我们又该通过什么方式,运用科学探究评价工具培养他们的科技创新精神和实践能力,以回应"钱学森之问"? ⑤为惠及更多学生,如何推进科学探究评价研究成果的有效、广泛应用? 这些内容可以从理论方面给读者以启示。

如何继续推进我国中学的科学课程改革? 目前,项目式学习又引起了人们新的关注。本书列入了作者为 50 多个科学探究项目研制的评价工具,这不但能给教师的教学评价实践带来方便,也能为教师自编评价工具提供示范和参考,为研究教学评价体系改革提供素材。

总之,这是一本内容丰富、富有价值的好书,特向科学课程的教师和研究者们推荐。

吴俊明

2020 年 10 月 13 日

前　　言

近日,中共中央、国务院印发了《深化新时代教育评价改革总体方案》,明确指出"教育评价事关教育发展方向,有什么样的评价指挥棒,就有什么样的办学导向。"实际上,具体到一门课程教学亦是如此。评价具有激励学习、改进教学等多方面的目的和功能,例如,通过评价让学生明确最重要的学习目标;让学生逐渐能够自我导向,明确自己的现实水平和未来发展方向;帮助教师发现教学中的优势与不足,从而改进教学;等等。

评价如此重要,却一直是教学中的一个老大难问题,而对科学探究的评价更是难上加难。为此,在过去17年中,我一直扎根于中小学科学课堂,与一线老师们一起,以提升学生的科技创新精神与实践能力为宗旨,着重围绕"如何研制与应用科学探究评价工具"这一核心问题,开展持续、系统、深入的研究与实践探索,转变评价观念,以期建立新的科学探究评价范式。

本书《以评促探:基于标准的科学探究评价工具及其应用范式》则是我们团队合作的"结晶",是一本关于如何运用评价工具促进探究学习的实用读物,具体包括如下五方面的成果。

一、系统开展科学探究理论研究,厘定科学探究评价的定盘星和方向标。聚焦什么是学生的科学探究、主要包括哪些能力、其优质标准分别是什么等问题,形成较为完善的科学探究能力模型与优质科学探究能力标准,以此作为科学探究评价的定盘星和方向标。

二、研制科学探究评价工具设计可视化技术路径,开展实证检验与优化。聚焦如何基于优质标准研制科学探究评价工具、怎样证明研制路径与方法的可行性和有效性等问题,一方面开发思维工具,形成研制科学探究评价工具的可视化技术路径;另一方面进行实践检验与优化,证明可视化技术路径应用效果好。

三、将科学探究评价工具嵌入课堂教学,探索"以评促探"的有效范式。为提升每一个学生的科学探究能力,聚焦从什么视域出发、秉持怎样的科学探究教学评价观念、将科学探究评价工具嵌入课堂教学有哪些范式、具体如何应用等问题,提炼归纳出科学探究评价工具应用于课堂教学的"四种范式",为破解评价难题开出了一个有效良方。

四、开展指向高阶的科学探究能力测评,探索培养科技创新人才的方式。针对科创爱好者,聚焦通过什么方式,运用科学探究评价工具培养他们的科技创新精神和实践能力,以回应"钱学森之问"。就此,我们策划设计了品牌活动"实验调研与展评",既是初中科学探究终结性评价,也是为培养科技创新人才寻找证据,更是共研共商共享培养科技创新人才的策略。

五、创构立体化支持体系,促进科学探究评价研究及其成果转化与推广。聚焦"如何推进科学探究评价研究成果的有效、广泛应用"以及"如何通过成果推广深入进行科学探究评价研究"等问题,以更精准地惠及更多学生,从教学资源编著、实验平台建设、教研活动创新、浙派名师引领等方面,着力创构立体化支持体系。

本书提供建议和案例显示,很大程度地解决了评价应注重学生能力发展、学生主动参与评价、评价结果有效应用等关键性问题,成效显著,如不断壮大科学探究评价工具设计与应用队伍、填补了教科书配套科学探究评价工具的空白、显著提升了学生的科学探究能力等,为破解长期存在的教学评价难题做出一定的贡献。

但是从评价的多元育人功能实现和大规模测评两方面出发,科学探究评价还可以进一步在智能化方面深化,这也是后续科学探究评价研究与实践持续深入的方向,目前我们团队已经在推进或在开展前期的准备。

本书由蒋永贵总策划和总负责,金京生为执行负责人,胡晴霞、徐王熠、姚雪飞、邵永平、伍小斌、杨封友、翁奇、杜冰作为核心成员进行实施与审定。

具体编著人员如下:

第一部分主要由蒋永贵、金京生、胡晴霞、徐王熠等完成。

第二部分按照目录先后顺序,分别是:沈品;王健;周献辉;周慧敏;顾小旋;赵少蔚;夏骏;邓双丽;何廷;许欢;郝艳芳;裴芳萍;戴志江;郑增延;高培杰;叶胤;魏峰;楼凯;郭启顺;陈鹏;沈新颖;杜鹃;黄丹舟;沈森挺;姜臣;井维科;翁奇;徐慧华;杨燕飞;肖俊;周玲;俞丽玮;邱东明;胡铭;王琪骏;王琪骏;刘圆;胡晴霞。

第三部分按照目录先后顺序,分别是:胡晴霞;叶侃侃;邵永平;李鸿;李鸿;杜冰;翁奇;杨燕飞。

第四部分按照目录先后顺序,分别是:姚雪飞;沈嘉明、张亚萍;陈鹏;龚建文、胡晴霞;徐王熠;井维科;夏骏;胡晴霞。

在本书出版之际，我要特别感谢我的恩师上海师范大学博士生导师吴俊明先生、杭州市教研室教研员金鹏先生等老师在本书的形成过程中提供的宝贵建议和大力支持！感谢我的合作团队，你们的名字将在本书"编著人员"那里出现，在此不再一一罗列！

蒋永贵

2020 年 12 月 31 日

目　　录

第一部分　以评促探·总论

第二部分　课堂教学·科学探究形成性评价工具及其应用范式

◇ 生命科学

◇ 物质科学(物理)

◇ 物质科学(化学)

第三部分　　调研展评·科学探究终结性评价工具及其应用范式

第四部分　　以评促探·案例

第一部分

以评促探·总论

1.1 问题的提出

评价具有多方面的目的和功能,例如,通过评价让学生明确最重要的学习目标;总结学生的学习成绩,使学生看到自己的进步和不足,从而激励学生并促使他们更有效地学习;让学生逐渐能够自我导向,明确自己的现实水平和未来发展方向;帮助教师发现教学中的优势与不足,从而改进教学;等等。

评价如此重要,却一直是个老大难问题,而对科学探究的评价更是难上加难,成为学生提高科学素养的拦路虎与绊脚石。在科学探究评价实施中,存在评价观念较滞后、评价内容轻能力、评价标准难操作、评价方式较单一、评价结果少应用、评价证据不充分等公认的问题。对于这些问题的具体表现、问题产生的主要原因以及解决问题的有效思路与措施,缺乏系统、深入的研究,导致科学探究评价仍以传统的纸笔测试为主,鲜少测评学生在科学学习活动中表现出的探究能力,无法实现评价的多元育人功能,制约着学生科学探究能力的提升。

为此,2003年开始,历经近17年,我们以提升学生的科技创新精神与实践能力为宗旨,着重围绕"如何研制与应用科学探究评价工具"这一核心问题,开展持续、系统、深入的研究与实践,以转变评价观念,建立新的科学探究评价范式。

拟解决的具体问题有:

1)作为科学探究评价的定盘星和方向标,学生的科学探究能力主要包括哪些? 它们的优质标准分别是什么?

2)如何研制科学探究评价工具,也就是怎样设计表现性评价任务与开发PTA检核量表? 如何证明研制方法的有效性?

3)面向每一个学生,我们应从什么视域出发,依据怎样的科学探究教学评价观,探索将评价工具嵌入科学探究教学的范式? 具体如何使用?

4)针对科技创新爱好者,我们该通过什么方式,运用科学探究评价工具培养他们的科技创新精神和实践能力,以回应"钱学森之问"?

5)为惠及更多学生,如何推进科学探究评价研究成果的有效、广泛应用?

1.2 解决问题的过程与方法

针对拟解决的问题,本研究主要采取边研究边实践的方式,问题的解决是交错互动的,因此以下五个阶段并不完全是一个线性的研究过程。

1.2.1 系统开展科学探究理论研究,确定科学探究评价的定盘星和方向标

首先,聚焦什么是学生的科学探究、主要包括哪些科学探究能力、其优质标准分别是什么等问题,先是采用文献研究、解析国内外科学(包括物理、化学、生物)课程标准中的相关表述等方法,初步建构科学探究能力模型,制定优质科学探究能力标准。

然后,进行专家访谈,请他们着重就如下问题提出自己的认识:科学探究能力的分类是否合适? 每类所包含的具体能力是否齐全? 优质科学探究能力标准须具备哪些特征? 研发的优质能力标准是否适切?

最后,基于专家观点进行优化,形成完善的科学探究能力模型与优质科学探究能力标准,以此作为科学探究评价的定盘星和方向标。

1.2.2 研制科学探究评价工具,设计可视化技术路径,开展实证检验与优化

聚焦如何基于优质标准研制科学探究评价工具、怎样证明研制路径与方法的可行性和有效性等问题,荟萃专家经验,明确科学探究评价工具组成模块,研发可视化技术路径和方法,通过实证检验进行以数据为基础的优化。具体如下。

开发思维工具,形成研制科学探究评价工具的可视化技术路径。采用文献分析、专家访谈、团队研讨等研究方法,首先形成共识,确定科学探究评价工具由表现性评价任务和 PTA 检核量表两部分组成;然后提炼荟萃专家的思路与方法,抓住关键步骤,明确内在联系,转化为科学探究评价工具,研制可视化技术路径,主要包括设计流程图、质量分析表等思维工具。

进行充分的实践检验与优化,证明可视化技术路径应用效果。借鉴循证检验医学的核心思想,从不同教龄的骨干教师中选择 30 名试验教师,分成 10 个小组,经过"前测分析—路径应用—后测分析—策略调整"的循环过程,证实

运用本成果的可视化技术路径,研制出的评价工具对检测与评定学生的科学探究能力非常有效、易于操作。同时,基于实证数据,进一步优化可视化技术路径。

1.2.3 将科学探究评价工具嵌入课堂教学,探索"以评促探"的有效范式

为提升每一个学生的科学探究能力,我们聚焦从什么视域出发、秉持怎样的科学探究教学评价观念、将科学探究评价工具嵌入课堂教学有哪些范式、具体如何应用等问题,采用文献分析、课例研究、范式凝练、策略构建等方法,形成共识:从"促进学习的评价"这一视域出发,确立"评价不是科学探究教学程序的最后一步,而是第一步""评探合一,以评促探""评价是在收集学生科学探究表现的证据,重在运用评价结果改进科学探究教学,旨在提升学生的科学探究能力"等一些科学探究教学评价观念。

在观念指导下,我们"两手"抓以评促探的范式凝练和策略构建。

一是组建"冲锋先行队",由市级科学教研员牵头,从全市范围内遴选一批学科专业素质硬、参与改革意愿强的优秀骨干教师,按照大家共同协商形成的运行机制,先是在专家引领下,系统开展将科学探究评价工具嵌入课堂教学的课例研究,然后基于大量的课例,通过"背靠背"自主、"面对面"合作以及邀请专家参与商定等方式,一起凝练有效范式和构建具体策略。

二是推进"联动试点区",遴选若干个试点区域,由区科学教研员牵头,通过课堂改革、教师培训等方式,有计划地组织一批学校或教师,在"冲锋先行队"教师引领下,进行将科学探究评价工具嵌入课堂教学的实践探索,同时将教学反思和建议反馈给"冲锋先行队",从而实现与"冲锋先行队"教师的有效联动,共同成长、共同进步。

1.2.4 开展指向高阶的科学探究能力测评,探索培养科技创新人才的方式

针对科创爱好者,聚焦通过什么方式,运用科学探究评价工具培养他们的科技创新精神和实践能力,以回应"钱学森之问"。荟萃国家课程政策和专家经验,我们决定采用"实验调研与展评"这一方式,由市级科学教研员牵头,市级科学教研大组成员为主体,按照研究与工作需要分成评价工具研发、技术支持、数据分析与教学改进组等三个小组,协同进行科技创新人才培养。

具体来说就是采用文献分析法、问卷法、现场观察法、录像分析法等，开展如何设计真实情境下科学问题解决的表现性任务和 PTA 检核量表、通过什么技术能有效抓取学生的真实科学探究表现并记录评价依据、怎样分析测评数据以及运用测评大数据来改进科学探究教学等一系列问题研究与实践探索。

操作上，我们先针对大市教研大组成员所在学校的科创爱好者，进行科学探究能力调研，并将调研成果进行公开展示、评价与交流。

1.2.5 创构立体化支持体系，促进科学探究评价研究及其成果转化与推广

聚焦"如何推进科学探究评价研究成果的有效、广泛应用"以及"如何通过成果推广深入进行科学探究评价研究"等问题，以更精准地惠及更多学生。对此，本研究采用文献分析法、专家访谈法、行动研究法等方法，从教学资源编著、实验平台建设、教研活动创新、浙派名师引领等方面，着力创构立体化支持体系。

1.3 模型及优质标准：科学探究能力评价的定盘星和方向标

我国《初中科学课程标准》(2011 版)明确指出，对科学探究的评价重点，是学生在科学学习活动中表现出的探究能力和对科学探究的理解。可见，学生的科学探究能力应是科学探究评价的定盘星和方向标。

1.3.1 学生科学探究能力模型

遵循"证据牢固、能力具化、重点突出、契合学情、结构合理"等基本原则，本研究建构了学生科学探究能力模型(见图 1.1)。

学生的科学探究与科学家的科学探究有很多共性，但也有很大差异，重在像科学家那样，积极、灵活地运用科学思维方式，经历创造性地认识和探索自然界的活动过程。

学生的科学探究能力可具化为 2 个层次共 22 个能力，具体包括基本能力 15 个、实践与创新能力 7 个。二者之间有机关联，前者促进后者发展，后者进一步夯实前者。

把握各科学探究能力的要义，有助于我们更好地理解科学探究，更有助于提

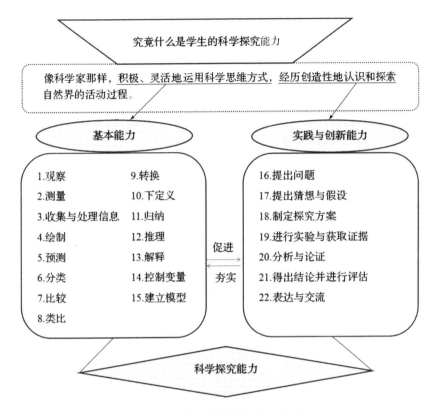

图 1.1　学生科学探究能力模型

升学生的科学探究能力,具体释义^①如下。

观察:应用各种感官及其延伸工具收集信息。

测量:用各种工具及相应单位进行量化,是一个把待测的量与公认的标准进行比较的过程。

收集与处理信息:从多种渠道如图书、网络、调查等获得信息资料。

绘制:采用数据表、折线图等对数据进行整理,以便更好地理解它们的含义。

预测:根据以往的经验或证据推测将来可能发生的事件。

分类:将不同的信息和事物根据它们的相似性加以区分,并将相似的情形归在同一类的过程。

---

① 参考资料:教育部.初中科学课程标准(2011 版)[M].北京:北京师范大学出版社,2011:14;[美]卡琳,等.教作为探究的科学[M].北京:人民教育出版社,2008:44-53;王文军.初中科学竞赛方法指导[M].杭州:浙江大学出版社,2008:1-92;[美]帕迪利亚.科学探索者.科学探究[M].杭州:浙江教育出版社,2013:6-20.

比较：通过观察与分析，找出事物间的相同特征或相异特性，揭示事物的本质联系与区别。

类比：根据两个（或两类）对象之间在某些方面相同或相似，推出它们在其他方面也可能相同或相似的一种思维逻辑，目的在于认识新事物。

转换：针对一些看不见、摸不着的现象或不易直接测量的科学量，通常从一些非常直观的现象去间接认识，或用易测量的科学量间接测量。

下定义：一种用简洁明确的语言，对事物的本质特征做概括的说明方法。

归纳：通过对个别事物的考察，得到一般性的结论。

推理：从普遍规律出发，推导出具体的事例。

解释：在观察的基础上进行思考，合理地说明事物变化的原因，事物之间的联系，或者是事物发展的规律。

控制变量：为了检验某种假设而特意人为改变的变量被称为自变量，又称调节变量。而随着自变量的变化而改变的变化因子（变量）则被称为因变量，又称相关变量。在某个实验中，每次仅改变一个变量的实验被称为对照实验。

建立模型：对复杂事物进行必要的、科学的简化，即忽略次要因素，突出主要问题，排除不必要的干扰项，降低解决问题的复杂度，以体现一定原理的过程。

提出问题：科学探究常常是从某项观察提出疑问开始的，能够通过观察和收集证据来加以解答。

提出猜想与假设：根据已经了解的资料，对可能的结果进行预测，或对通过研究可能发现的因果关系的叙述。

制定探究方案：系统思考验证猜想与假设的思路、方法或步骤，一般需要控制变量、设置对照实验。决定一个实验方案是否设计周全的另一个重要因素就是是否具有清晰的可操作的定义，也就是操作性定义。

进行实验与获取证据：进行一系列观察、测量、记录数据等的过程。

分析与论证：针对实验记录的数据，看看是否存在什么规律或趋势。如果能够把数据整理成表格或者图片，常常能更清楚地看出它们的规律。然后要思考这些数据说明了什么。

得出结论并进行评估：结论就是对实验研究发现的总结。评估是确定结论能不能支持开始的假设，实验中存在什么缺陷，是否有新的发现等。

表达与交流：用语言、文字、图表等展示学习过程和结果。

1.3.2　优质科学探究能力标准

遵照质量标准的要义与技术规定，即对产品的结构、规格、质量、检验方法所做的技术规定,运用文献分析、专家访谈、教学实验等研究方法,制定了优质科学探究能力标准(见表1.1)。

表 1.1　优质科学探究能力标准①

科学探究能力		优质能力标准
基本能力	1.观察	□ 运用多种感觉器官 □ 根据实际需要,使用放大镜和其他感官延伸工具 □ 全面、细致地观察 □ 发现事件的相互关系、规律等
	2.测量	□ 选用适切的测量仪器 □ 按照仪器使用规范进行操作 □ 准确记录测量结果 □ 科学、合理地分析测量误差
	3.收集与处理信息	□ 能从多种渠道获得信息资料 □ 基于价值判断、文献权威性等因素,筛选相关信息 □ 选用适切方法对信息进行整理
	4.绘制	□ 准确确定图表中的变量 □ 选用适切的图表形式如表格、坐标图、条形图、柱状图等展示数据 □ 在图表中表现出某种关系,如线性的、比例的等
	5.预测	□ 根据已知因素 □ 运用已有知识、经验与科学方法 □ 对事物未来的发展趋势做出估计和评价
	6.分类	□ 基于一定的标准或理由 □ 分类要合理、科学 □ 力求结构化地呈现分类结果
	7.比较	□ 基于一定的标准或维度 □ 要抓住被比较对象最为本质的异同点

① 参考资料:教育部.初中科学课程标准(2011版)[M].北京:北京师范大学出版社,2011:14;[美]卡琳,等.教作为探究的科学[M].北京:人民教育出版社,2008:44-53。

续表

科学探究能力		优质能力标准
基本能力	8.类比	☐ 把不同的两个(两类)对象进行比较 ☐ 根据两个(两类)对象在一系列属性上的相同或相似点,明确其中一个(一类)对象还具有其他的属性,推出另一个(一类)对象也具有相似的其他属性的结论
	9.转换	☐ 要科学、合理 ☐ 转换前后两个变量的作用效果相同
	10.下定义	☐ 语言要完整、简洁、明确,具有概括性 ☐ 要严谨、科学 ☐ 要抓住事物的本质特征
	11.归纳	☐ 基于一系列具体的事实 ☐ 概括出一般性概念、原则或结论
	12.推理	☐ 基于一个或几个已知的判断 ☐ 推出新的判断(结论) ☐ 推理过程科学、严密
	13.解释	☐ 需要依据必要的科学知识 ☐ 要有逻辑性 ☐ 必须与观察、测量、计算等的结果一致 ☐ 为如何检验解释提出建议或有新发现
	14.控制变量	☐ 确定自变量和因变量 ☐ 所有其他变量受到控制或者设为常量 ☐ 说明因变量如何随着自变量变化
	15.建立模型	☐ 按照科学研究的特定目的 ☐ 用物质形式或思维形式再现原型客体本质关系 ☐ 明确模型限定的运用条件和范围
实践与创新能力	16.提出问题	☐ 表述清晰,且是用带"?"的话语 ☐ 以客观事实为基础 ☐ 指向认识与探索自然界中的现象、规律等 ☐ 问题结果暗含一定的理论假说 ☐ 提出多个有价值的科学问题

科学探究能力			优质能力标准
实践与创新能力	17. 提出猜想与假设		☐ 能够提出猜想与假设 ☐ 陈述的依据是观察到的现象、学过的科学知识、积累的生活经验等 ☐ 陈述的理由要与提出的猜想和假设保持一致
	18. 制定探究方案	设计实验方案	☐ 针对探究问题与假设 ☐ 准确运用科学思想方法 ☐ 结构完整,逻辑严密 ☐ 具有可操作性 ☐ 具有一定创新性,如对教材中的实验设计进行合理改进、提出一些新想法等
		实验设计思路	☐ 明确研究对象 ☐ 精准运用科学思想方法,并能说清具体应用路径 ☐ 明晰实验设计中的其他关键问题
		设计实验数据记录表	☐ 表格中记录的变量准确、齐全 ☐ 表格的呈现方式清晰,便于记录
	19. 进行实验与获取数据		☐ 实验操作规范 ☐ 能够科学地进行一系列观察、比较和测量 ☐ 数据记录真实、及时、完整 ☐ 能够关注与记录实验中的"意外"情况
	20. 分析与论证		☐ 能够对获得的数据进行重整或作图处理 ☐ 能够从不同的视角对数据(包括通常认为的无效数据)进行科学分析与解释
	21. 得出结论并进行评估		☐ 结论能够准确、严谨、概括地描述变量之间的关系 ☐ 有意识地与"提出的猜想假设"相对照,能注意到与预期结果不一致的现象,并做出合理解释 ☐ 能够合理分析实验误差,正确区分误差与错误 ☐ 除教材中的结论之外,力求能有其他的新发现

续表

科学探究能力			优质能力标准
实践与创新能力	22.表达与交流	书写探究报告或制作展板或其他成果表达的能力	☐ 内容完整,应包括科学探究主题、科学探究各要素、科学探究过程与结果反思等 ☐ 突出科学探究过程与科学思想方法 ☐ 清晰、简洁、美观 ☐ 善于与同伴合作,既能尊重合作者,也能坚持自己的原则
		交流	☐ 能简要、清晰、有逻辑地进行讲述 ☐ 能倾听和尊重他人提出的不同观点,并交换意见

不难理解,优质科学探究能力标准既是评判科学探究能力的标准,也是学生发展科学探究能力的方法,同时也是研制科学探究评价工具的依据。可以说,优质科学探究能力标准,是有效破解科学探究教学评价这一老大难问题的"撒手锏",具有四大特征:

(1)突出重点,注重创新

针对每种科学探究能力,力求都能从多个检测点建立标准,萃取专家和学生经验,突出重点,注重学生的创新意识与能力。例如,"设计实验方案"能力标准突出"针对探究问题与假设""准确运用科学思想方法"等,同时注重"具有一定创新性,如对教材中的实验设计进行合理改进、提出一些新想法等"。

(2)梯度发展,指向高阶

按照学生认知规律,充分考虑科学探究能力的梯度发展,重在发展高阶科学探究能力。例如,"提出问题"能力标准,从"表述清晰,且是用带'?'的话语""以客观事实为基础",逐步走向"问题结果暗含一定的理论假说"以及"提出多个有价值的科学问题"。

(3)水平适切,体现差异

充分考虑课标、学生等因素,优质标准的能力水平要求,既不能过高,也不能过低,整体水平要能契合科学课程标准的规定和学生的实际情况。同时,也要充分考虑不同学生在认知、地域等方面的差异,让不同的学生都能获得最大限度的科学探究能力发展。例如,"分类"能力标准,整体要求"基于一定的标准或理由""分类要合理、科学",让不同的学生"力求结构化地呈现分类结果"。

(4)清晰具体,易于检测

标准表述清晰具体,探究能力发展指向明确,易于检测。例如,"提出猜想与假设"能力标准"陈述的依据是观察到的现象、学过的科学知识、积累的生活经验等",表述直截了当,师生非常容易明确不能胡猜乱想、应依据什么来猜等。

1.4　可视化技术路径:基于优质标准研制科学探究评价工具

科学探究评价工具由表现性评价任务与PTA①检核量表两部分组成,也就是要思考与设计"用什么样的评价任务来检测学生的科学探究能力表现"和"拿什么样的评价标准与规则评判学生的科学探究能力表现"。

研制科学探究评价工具的可视化技术路径(见图1.2)主要包括设计流程图、质量分析表等思维工具,表征了研制的思考视角、思考过程、思考方法,巧妙地将理念、思路、标准整合于研制过程之中。

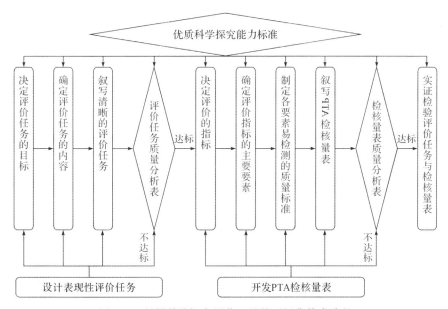

图 1.2　研制科学探究评价工具的可视化技术路径

可以看出,可视化技术路径体现了研制评价工具的操作流程创新。引导教师在实践中逐步掌握、内化科学探究评价工具研制的思路与方法,不仅有助于提高评价工具研制质量,也可一定程度地减轻教师认知负担和工作压力。

---

① PTA(primary trait analysis)是基本要素分析的简称,是美国教师沃尔弗德与安迪生倡导与开发的一种对学生综合表现的评分方法,要求教师做到:确定可能对评价起重要作用的要素;编制测试学生每一个要素的评价量表;以这些标准来评价学生表现。

　　具体而言,可视化技术路径具有如下四个特征,其本质上也是四个具体的研制支架。

　　(1)标准引领

　　优质科学探究能力标准,作为可视化技术路径的出发点和归宿点,规定与引领着科学探究评价工具设计的整个流程。也就是说,流程各要素如决定评价任务的目标、确定评价任务的内容、叙写清晰的评价任务等的确定,都要围绕优质科学探究能力标准展开,从标准内容出发,力求达成标准要求。

　　例如,设计"让学生提出问题"这一表现性评价任务时,首先要清楚优质科学探究能力标准对"提出问题"的目标要求,然后对照要求决定评价指标、确定评价任务内容等,从而实现标准引领下的设计。

　　(2)一致性设计

　　采用一致性技术,可视化技术路径各要素才能实现相互匹配、相互调试与优化。针对呈现的终极结果,重点考察设计的表现性评价任务、开发的 PTA 检核量表以及优质能力标准等,保证三者的具体内容相互支撑(见表 1.2)。

表 1.2　科学探究的表现性评价任务、PTA 检核量表、优质能力标准一致性设计(示例)

表现性评价任务	PTA 检核量表		优质能力标准
	评价指标	评价标准	
A. 仔细观看视频,提出可探究的科学问题 (如同一辆小车,以同样大小的初速度,在不同材料的水平面上运动,其速度减小的快慢明显有所不同)	观察	□ 运用视觉、听觉等感觉器官 □ 观察到同一辆小车、同样大小的初速度、不同材料的水平面、速度减小快慢不同等多个细节 □ 发现小车速度减小的快慢与水平面的材料有关	□ 运用多种感觉器官 □ 根据实际需要,使用放大镜和其他感官延伸工具 □ 全面、细致地观察 □ 发现事件的相互关系、规律等
	提出问题	□ 表述清晰,且是用"?"的话语 □ 以视频中的客观事实为基础 □ 指向认识与探索小车速度减小快慢现象 □ 问题结果暗含小车速度减小快慢与所受阻力有一定关系 □ 提出其他有价值的科学问题	□ 表述清晰,且是用"?"的话语 □ 以客观事实为基础 □ 指向认识与探索自然界中的现象 □ 问题结果暗含一定的理论假说 □ 提出的科学问题具有一定的价值

（3）循证检验

借鉴循证检验医学的核心思想，按照"以当前最好的证据为基础"的原则，通过运用"质量分析表"（见表 1.3，原则上是"达标进入下一关，不达标回头优化"）、"实证检验"（采用"前测分析－路径应用－后测分析－策略调整"的循环过程）等，对科学探究评价工具研制路径各环节内容进行全程质量控制和评价，并基于获取的证据对路径进行优化与完善。

表 1.3　质量分析表

表现性评价任务质量分析表	PTA 检核量表质量分析表
☆ 是否创设了真实的科学探究情境 ☆ 是否有多个明确的科学探究能力检测点 ☆ 是否与科学课程标准、优质科学探究能力标准等要求相一致 ☆ 是否契合学生的认知水平、生活经验等 ☆ 是否表述清晰、指向性明确	☆ 是否与表现性评价任务所期望的科学探究能力检测点匹配 ☆ 是否与科学课程标准、优质科学探究能力标准等要求相一致 ☆ 是否契合学生的认知水平、生活经验等 ☆ 是否表述清晰具体、易于检测

（4）发展性理念

本研究的 PTA 检核量表，并没有像传统的评价量表那样分为不同的等级或水平，这主要源于我们的科学探究评价理念与价值导向具有一定的特殊性。我们秉持发展性评价理念，始终坚定一个信念，那就是促进每个学生逼近优质科学探究能力水平，重在引导与帮助学生发现不足并做出改进。由此，进行量表分级的意义不是很大。

1.5　置放或生成量表：将评价工具嵌入科学探究教学的范式

将评价工具有效嵌入科学探究教学，以充分发挥评价的激励、反馈与改进功能，从而促进学生发展和教师提高，这一直是一个难以破解的教学与评价难题。

对此，我们基于"促进学习的评价"视域下的科学探究教学评价观，通过有效的解决过程与方法，提炼归纳出科学探究评价工具应用于课堂教学的两大范式（量表置换式和量表生成式）和四种方式（"前置量表式""后置量表式""前生量表式""后生量表式"），为破解难题开出了一个有效良方，体现了应用创新。

1.5.1　科学探究评价工具应用于课堂探究教学的新评价观

根据教育部基础教育课程教材发展中心莫景祺处长的研究①,在深化教育教学改革的新形势下,我们应该重申"促进学习的评价"(Assessment for Learning)的评价理念和范式。之所以强调"促进学习的评价",是因为其理念和实践对于重要的基础教育课程教学改革育人目标和教学方式的变革具有重要借鉴意义。

"促进学习的评价"是相对于"学习的评价"而言的,反映了教学评价在基础教育不同发展阶段的变化,以及不同的评价观念和价值取向。"学习的评价"反映了传统教学评价的观念和方法,关注学习结果,目的是给学生分等。"促进学习的评价"则既关注学习结果,也关注学习过程,目的在于促进学生更好地学习。倡导"促进学习的评价",并不否认"学习的评价"在现实中的需要和功能,应该将二者相结合,建立一种平衡的教学评价体系,甚至可以将"学习的评价"的结果用于促进学习的诊断和改进。

布莱克(Black)和威廉姆(William)在研究的基础上,提出了"促进学习的评价"的十大原则:①评价是有效教学计划的一部分;②评价要关注学生如何学习;③评价是课堂实践的中心;④评价是教师关键的专业技能;⑤评价具有敏感性和建设性;⑥评价要激发学习动机;⑦评价要促进对目标和标准的理解;⑧评价要帮助学习者了解如何改进;⑨评价要发展学生的自我评价能力;⑩承认所有学生的所有学习成就。

莫景祺处长总结到,从上述 10 个特征来看,"促进学习的评价"有以下几个方面明显的特征:一是从评价目的来看,追求使学生的学习最大化。二是从评价主体来看,更加强调学生的主动参与。三是从评价目标来看,更注重学生对目标和标准的理解。四是从评价内容来看,更注重学生能力方面的发展。五是从评价过程来看,更集中于学生如何学习。六是从评价方法来看,更加强调评价方法的多样性,要根据学习目标和评价内容选择多样化的方法。

综上,我们确定从"促进学习的评价"视域出发,建构科学探究教学评价观,这也是对评价本质以及评价与探究教学关系的新认识。概要地讲,就是"评探合一,以评促探"。

具体来说,着重体现以下内涵:

1)评价不是科学探究教学程序的最后一步,而是第一步。

2)评价重在收集学生理解和经历科学探究过程的证据,意在运用评价结果

---

① 莫景祺.重申"促进学习的评价"[J].基础教育课程,2019(21):53-56.

改进科学探究教学,旨在帮助学生提高科学探究能力。

3)评价和探究是一枚硬币的两面,评价是服务于探究教学的工具。

1.5.2 科学探究评价工具应用于课堂探究教学的有效范式

在当前我国立德树人的背景下,中共中央、国务院发布了《关于深化教育教学改革全面提高义务教育质量的意见》(2019 年 6 月 23 日),明确提出"强化课堂主阵地作用,切实提高课堂教学质量。坚持教学相长,注重启发式、互动式、探究式教学,引导学生主动思考、积极提问、自主探究",这不仅吹响了课堂革命号角,指明主战场就在课堂,而且希望课堂上注重探究式教学,引导学生自主探究。

科学探究评价工具应用于课堂探究教学(范式见图 1.3),其主要特征在于如何灵活运用科学探究能力 PTA 检核量表。也就是,基于课标要求、教材设计、

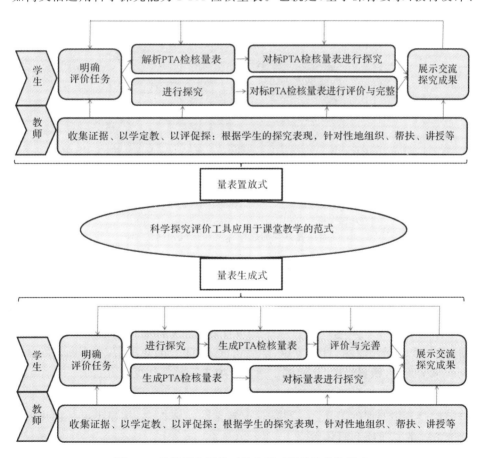

图 1.3 科学探究评价工具应用于课堂教学的范式

学情分析等,科学、灵活决策什么时候运用 PTA 检核量表、怎样运用 PTA 检核量表等问题,以促进学生科学探究能力发展。

从图 1.3 可以看出,科学探究评价工具应用于课堂教学,主要有"量表置放式"和"量表生成式"两大范式,具体包括前置量表、后置量表、前生量表、后生量表等四种实施方式。

不管是"前置量表"还是"前生量表",它们都注重运用量表来引领与促进科学探究;不管是"后置量表"还是"后生量表",它们都注重运用量表反思与改进科学探究。

采用不同方式的课堂探究,思维深度与探究用时会有所不同(见图 1.4)。例如"前置量表",由于是在探究开始前先把量表直接呈现给学生,显然用时会较少,但思维深度却不够高;而"后生量表",由于是先让学生基于任务进行探究,在此基础上再在教师组织下,以学生为主生成量表,最后再运用生成的量表反思与改进之前的探究,显然具有较高的思维深度,但耗时会多一些。

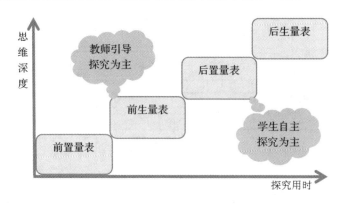

图 1.4　不同探究方式的思维深度与探究用时之间的关系

1.5.3　科学探究评价工具应用于课堂探究教学的精准矩阵

究竟采用何种方式进行课堂探究为好? 显然,要以"用时少、思维深"为原则,综合考虑探究课题、目标定位、学生情况、时间分配等因素,在不断的科学探究教学实践中,积累经验,从而确定适合学生实际的最佳探究方式。

我们基于学生科学探究能力进阶序和每个科学探究能力的特点,通过提炼总结我们多年的评价工具嵌入科学探究教学的实践探索,构建出灵活使用四种探究方式的总策略和具体策略。

总策略:①七年级以前生量表和后生量表为主,八年级以前置量表和后置量表为主;②每个课题的重点探究能力发展以后生量表为主。

具体策略:科学探究评价工具应用于课堂探究教学的精准矩阵(见表1.4)。

表1.4　科学探究评价工具应用于课堂探究教学的精准矩阵

		七年级	八年级	科学探究各课题重点发展的能力
前15个科学探究基本能力		前生量表、后生量表	前置量表、前置量表	
16.提出问题		前生量表、后生量表	前置量表、后生量表	
17.提出猜想与假设		后置量表	后置量表	
18.制定探究方案	设计实验方案	前生量表、后生量表	前置量表、后生量表	后生量表
	实验设计思路	前生量表、后生量表	前置量表、后生量表	
	设计实验数据记录表	后置量表	后置量表	
19.进行实验与获取证据		前置量表	前置量表	
20.分析与论证		前生量表、后生量表	前置量表、后生量表	
21.得出结论并进行评估		前生量表、后生量表	后置量表	
22.表达与交流		前置量表	前置量表	
备　　注		以上各策略,是指以给定的这些策略为主,具体采用何种策略为好,还要视表现性探究任务、学情、教学时间等因素而定		

1.6　实验调研与展评:基于大数据培养学生的科技创新能力

"把学生实验操作情况和能力表现纳入综合素质评价",这是《教育部关于加强和改进中小学实验教学的意见》(教基〔2019〕16号)提出的明确要求,并且还要求"注重实效,强化学生实践操作、情境体验、探索求知、亲身感悟和创新创造,着力提升学生的观察能力、动手实践能力、创造性思维能力和团队合作能力,培育学生的兴趣爱好、创新精神、科学素养和意志品质"。

就此,我们早已开始进行这方面的改革创新与实践探索,策划设计了品牌活动"实验调研与展评",既是初中科学探究终结性评价,也是为培养科技创新人才寻找证据,更是共研共商共享培养科技创新人才的策略。

1)考核对象为科创爱好者,为便于推进这项工作,以大市教研大组成员所在学校的学生为主,每个学校推选若干名学生参与展评。

2)命题多为原创题目(见本书"第三部分 调研展评·科学探究终结性评价工具及其应用范式"),针对九年级学生的科学探究能力,突出真实情境中的科学问题解决,指向培养学生科技创新精神与实践能力,主要测评学生制定探究方案、进行实验与收集证据、得出结论并进行评估等方面的能力。

3)考核注重"动脑"和"动手"相结合,学生根据提供的实验仪器和材料,在规定的时间内完成相应实验设计、进行实验与记录数据、分析与论证、得出结论并进行评估等,并提交完整的实验报告。

4)评价采用 PTA 检核量表,评委与考生实行"一对一"配置,观察和记录学生的科学探究表现,并做出量化和质性评价。

这是本项成果的特色与创新之一,我们探索出"定量和定性相结合"的科学探究评价体系(示例见表 1.4、图 1.5、图 1.6),具有如下特征:

a.评分标准统一进行编码,便于统计分析考核数据;

b.统一采用 3 分制取整评分(仅最后一项加分表现除外),不仅便于评委操作,而且有助于评委聚焦和明晰学生科学探究表现;

c.通过"权重"调节科学探究重点能力考核,显示出定量评分的科学性;

d.单列"扣分依据",不仅与"3 分制取整评分"相呼应(也就是说,如果就某条标准给学生评 1 分或 2 分,需要记录扣除那 2 分或 1 分的依据),而且体现了发展性评价理念,重在运用评价结果尤其是质性分析结果来推进科技创新人才培养;

e.设立评价指标"加分表现"(满分 7 分),凸显我们对科学探究的多元评价理念和价值导向,鼓励学生大胆创新和张扬个性。

表 1.5 "水果与鸡蛋液的酸碱性强弱"PTA 检核量表

学生姓名(或编号): 评委签名: 时间: 年 月 日

评价指标	评分标准与规则 (每条标准满分 3 分,请取整数打分, 重在客观评价学生真实的科学探究 表现和记录扣分依据)	得分	权重	扣分依据	应用范式建议
猜想与假设	S1 做出合理的猜想与假设,理由充分		3		

续表

评价指标	评分标准与规则 (每条标准满分3分,请取整数打分,重在客观评价学生真实的科学探究表现和记录扣分依据)	得分	权重	扣分依据	应用范式建议
实验方案与操作	S2 (1)检查器材		1		前生量表
	S3 (2)制取汁液:用小刀把苹果去皮,切成碎块,放入研钵中研碎,移到纱布内,挤压出汁液置于A烧杯中待用。用小刀把梨去皮,切成碎块,放入研钵中研碎,移到纱布内,挤压出汁液置于B烧杯中待用。取一只鸡蛋打破外壳,让其内部液体流入小碗内,用筷子搅拌均匀待用		3		
	S4 (3)取3张精密pH试纸,用玻璃棒分别蘸取梨汁、苹果汁和鸡蛋液于试纸上,把pH试纸分别与标准比色卡比较,估读出其各自的pH值,并做好记录		3		
	S5 (4)重复步骤(3)的操作		2		
	S6 (5)处理数据。把每种汁液的pH值取平均值。比较三种液体的pH值大小		3		
	S7 (6)整理器材		1		
实验数据记录表	S8 液体种类 / pH值(1,2,3,平均值):苹果汁 平均值4~5;梨汁 平均值3~4;鸡蛋液 平均值7.5~8		4		后置量表
实验结论	S9 三者中鸡蛋液pH值最大,显碱性		5		
反思与拓展	S10(1)酸性溶液pH值测量结果偏大,碱性溶液pH值测量结果偏小		3		
	S11(2)去污粉、洗涤剂、洗衣粉、肥皂液		3		

续表

评价指标	评分标准与规则 （每条标准满分 3 分，请取整数打分， 重在客观评价学生真实的科学探究 表现和记录扣分依据）	得分	权重	扣分依据	应用范 式建议
加分表现 （满分 7 分）			1		

图 1.5　实验调研与展评现场

图 1.6　评委共研共商共享科技创新人才培养

5)考核结果尤其是基于"扣分依据"的质性分析,重在用于培养科技创新人才。

具体操作上,推进参与调研展评学校的教师,基于实验调研与展评大数据分析,优化与改进科学探究教学,尤其是指导科创爱好者进行真实情境下的科学探究,以提升学生的动手实践、创造性思维等多元高阶能力。

1.7 立体化支持体系:促进科学探究 评价研究及其成果推广

为促进科学探究评价研究及其成果转化与推广,以惠及更多的学生,同时,也希望通过大家的积极参与与反馈,以更好地优化与完善本成果,我们着力从教学资源编著、实验平台建设、教研活动创新、浙派名师引领等多个方面,创构了立体化支持体系,保障与助推本成果取得了较好的效果。

1.7.1 教学资源是核心

自本项研究开始,我们就始终绷着一根弦,那就是加强教学资源建设,以让更多师生能够看见我们对这项工作的思维、能够借鉴使用、能够给我们反馈、能够督促我们把这项改革做得更加扎实等。具体实施上,我们以"冲锋先行队"优秀骨干教师为核心,特邀一批省特级教师、大学教授等作为顾问,大家齐心协力,线上线下不断打磨,高质量编著本书《以评促探:基于标准的科学探究评价工具设计与应用》。

1.7.2 实验平台是关键

我们充分整合利用大学与中学、校内与校外、线上与线下等资源,一方面,在大学建设"科学探究馆",目前建成的四个较具特色与创意的实验室,分别是科技创意设计与制作室、科学探索与发现实验室、省级以上名师创新实验工作室和虚拟仿真科学实验室;另一方面,指导中学进行相关实验室建设。

1.7.3 教研活动是推手

为助推本项研究成果的有效推广,我们充分发挥核心团队成员各自工作和专业优势,由于成员很多是大市或区县教研员,我们就着重进行教研活动创新,聚焦科学探究评价工具设计与应用,有计划地开展经典案例评选、优质课程教学展评、骨干教师培训、实验调研与展评等活动。

1.7.4 "浙派名师"是把火

星星之火,可以燎原。为充分发挥"浙派名师"工程的辐射引领功能,我们在部分初中科学班的培训课程中设计嵌入相关专题,着力开展科学探究评价工具嵌入课堂探究的案例研究,进而影响更多教师参与这一改革探索。

1.8 小结与反思

研制评价工具,将评价工具嵌入科学探究教学,评探合一、以评促探,是提高学生科学探究能力的重要抓手,也是让科学学科育人真正落地的突破口,更是对中共中央、国务院印发的《关于深化教育教学改革 全面提高义务教育质量的意见》中"建立以发展素质教育为导向的科学评价体系""坚持教学相长,注重启发式、互动式、探究式教学",教育部印发的《关于加强和改进中小学实验教学的意见》中"健全实验教学评价机制……2023 年前要将实验操作纳入初中学业水平考试,考试成绩纳入高中阶段学校招生录取依据"等要求的现实回应。

1.8.1 研究小结

总体来看,本成果取得显著成效,《中国教育报》《人民教育》《课程·教材·教法》等媒体刊物,对本项目部分成果进行了刊发,社会影响非常好。

具体来说,本项目主要研究与探索出五大成果:

1)建构出学生科学探究能力模型与优质标准,作为科学探究能力评价的定盘星和方向标。

2)研发出基于优质标准研制科学探究评价工具的可视化技术路径,并研制出近百个科学探究评价工具,从中遴选 60 个进行深入打磨,最终确定了 46 个收入本书。其中的 38 个课堂探究评价工具,填补了我国科学教科书配套科学探究评价工具的空白;8 个侧重真实情境中科学问题解决的调研展评工具,探索出较具特色的"定性和定量相结合"的评价体系。

3)探索出将评价工具嵌入科学探究教学的两大范式,即"量表置放式""量表生成式",具体包括四种方式,即"前置量表""后置量表""前生量表""后生量表"。并研究出不同探究方式的思维深度与探究用时之间的关系,总结出灵活使用四种探究方式的总策略和具体策略(科学探究评价工具应用于课堂探究教学的精准矩阵)。同时,基于实证研究,就本书收录的所有科学探究评价工具给出了应用范式建议。

4)打造出品牌活动"实验调研与展评",为真实情境下的科学探究能力测评提供一种可参考的样板,为培养科技创新人才提供证据支持。2009年开始,在台州、杭州等地先后组织"实验调研与展评"活动,近10年的探索发现,两地初中学生在浙江省的科学探究能力测评中具有明显优势。

5)创构出促进研究成果辐射推广的立体化支持体系,主要由教学资源编著、实验平台建设、教研活动创新、浙派名师引领四方面组成,建成由四个较具特色的实验室组成的"科学探究馆",组织教研活动百余场,60余名"浙派名师"培养对象积极参与并进行宣讲、教学示范等。

1.8.2 研究展望

综上,科学探究评价研究,从理论到实践已经进行了深入系统的探索,很大程度地解决了评价应注重学生能力发展、学生主动参与评价、评价结果有效应用等关键性问题,成效显著,如科学探究评价工具设计与应用队伍不断壮大、教科书配套科学探究评价工具的空白得到填补、学生的科学探究能力显著提升等,为破解长期存在的教学评价难题做出了一定的贡献。

但是从评价的多元育人功能实现和大规模测评两方面来看,科学探究评价还可以在智能化方面做进一步深化,这也是我们后续研究的方向,目前项目组正在开展前期的准备工作。

第二部分

课堂教学·科学探究
形成性评价工具及其应用范式

◇ 生命科学

2.1　植物茎叶的生长方向跟什么因素有关

表现性评价任务	PTA 检核量表		应用范式建议
	评价指标	评分标准与规则 (每条标准满分 3 分,请根据真实表现取整数打分,重在弄清得分依据、扣分理由以及如何改进)	
A. 观看图片,提出可探究的科学问题 (图片内容聚焦:图片展示自然界中茎叶生长方向奇特的植株。例如下图:前面植株的生长方向与后面背景中的植株大为不同) 	提出问题	☐ 表述清晰,且是用带"?"的话语 ☐ 以提供的图片信息为基础 ☐ 指向探索外界因素制约植物茎叶生长方向的现象 ☐ 问题结果暗含植物体生长方向与单侧光方向的关系 ☐ 提出其他有价值的科学问题	后置量表
B. 提出猜想与假设,并说明理由	提出猜想与假设	☐ 能够猜出单侧光方向这一因素 ☐ 能够建立植物生长方向与单侧光源方向等变量之间的因果关系 ☐ 陈述的理由是基于观察到的现象、与"植物感应性""向光性"有关的知识	后置量表

续表

表现性评价任务		PTA 检核量表		应用范式建议
		评价指标	评分标准与规则 (每条标准满分 3 分,请根据真实表现取整数打分,重在弄清得分依据、扣分理由以及如何改进)	
C. 制定探究方案	C1."动脑"和"动手"相结合:一边对 C2 给出的几个问题做系统思考,一边动手用简图画出实验方案,并简要说明实验步骤	设计实验方案	□ 方案针对"植物茎叶的生长方向跟什么因素有关"或者"植物生长方向与单侧光方向有什么关系"等 □ 实验对象、变量的转换和控制具有可操作性 □ 方案逻辑严密、结构完整 □ 方案具有一定创新性,如对如何选择实验材料、如何操作单侧光方向等问题提出一些想法	后生量表
	C2.思考并回答如下问题: 1.实验材料如何选择? 2.因变量是什么? 3.为使实验结论更具普遍性,植物茎叶初始朝向如何选择? 4.如何操纵单侧光照? 5.怎样进行无关变量的控制?	实验设计思路	□ 回答正确,理由充分、科学 1.选择生长速度较快的植物如豌豆 2.生长方向 3.可以选取开始偏向各个方向的幼苗作为样本 4.用带小孔的盒子罩住幼苗 5.选取长势接近的健康幼苗、营养物质一致的培养皿等,可以放在相同的房间内,保证温度、湿度等因素一致	后生量表
	C3.设计实验数据记录表	设计实验数据记录表	□ 表格中应该记录多个变量,包括单侧光方向、生长空间(是否有盒子)、茎叶方向等 □ 针对光照因素、生长空间可分别设置多组进行比较	后置量表

表现性评价任务	PTA 检核量表		应用范式建议
	评价指标	评分标准与规则 （每条标准满分 3 分，请根据真实表现取整数打分，重在弄清得分依据、扣分理由以及如何改进）	
D.实验操作，并记录实验数据 方案一： 实验准备：10 株长势接近的豆芽幼苗；2 个盛有少量水的培养皿；餐巾纸 实验步骤： 1.将餐巾纸盖在培养皿上，少许浸入水中 2.将长势接近的绿豆幼苗分为 A、B 两组，每组绿豆苗都有差不多数量的茎叶，将其栽种入两个培养皿 3.A 组放在一侧有光的阳台上，B 组放在阳光无法直接照射到的室内 4.每天观察并记录下绿豆幼苗的生长情况 方案二： 实验准备：10 株长势接近的豆芽幼苗；2 个盛有少量水的培养皿；餐巾纸，1 个侧壁有 2 厘米直径小孔的纸盒 实验步骤： 1.将餐巾纸盖在培养皿上，少许浸入水中 2.将长势接近的绿豆幼苗分为 A、B 两组，每组绿豆苗都有差不多数量的茎叶，将其栽种入两个培养皿 3.A 组不做任何处理，B 组用侧面有洞的纸盒罩住培养皿	进行实验与获取数据	☐ 栽种幼苗时要注意保护其根部的完整 ☐ 要给幼苗一段合理的生长时间 ☐ 能够仔细地观察幼苗的生长情况，比较不同的幼苗在不同的时间段内的生长情况等 ☐ 数据记录真实、及时、完整 ☐ 能够关注与记录实验中的"意外"情况	前置量表

31

续表

表现性评价任务	PTA 检核量表		应用范式建议
	评价指标	评分标准与规则 (每条标准满分 3 分,请根据真实表现取整数打分,重在弄清得分依据、扣分理由以及如何改进)	
4. A、B 两组放在遮光的房间内,用均匀的白炽灯照射三天 5. 每天打开罩子,观察并记录下绿豆幼苗的生长情况 方案三: 实验准备:10 株长势接近的豆芽幼苗;两个盛有少量水的培养皿;餐巾纸、两个侧壁有 2(厘米)直径小孔的纸盒;1 个可以匀速转动的转盘 实验步骤: 1. 将餐巾纸盖在培养皿上,少许浸入水中 2. 将长势接近的绿豆幼苗分为 A、B 两组,每组绿豆苗都有差不多数量的茎叶,将其栽种入两个培养皿 3. A、B 组都用侧面有洞的纸盒罩住培养皿 4. A 组放在一个匀速旋转的转盘上,B 组不做额外处理 5. A、B 两组放在遮光的房间内,用均匀的白炽灯照射三天 6. 每天打开罩子,观察并记录下绿豆幼苗的生长情况	进行实验与获取数据		
E. 比较分析数据,写出你的发现	分析与论证	□ 能够对获得的数据进行重新处理 □ 能够从不同的视角对数据(包括通常认为的无效数据)进行科学分析与解释	后置量表

续表

表现性评价任务	PTA 检核量表		应用范式建议
	评价指标	评分标准与规则 （每条标准满分 3 分,请根据真实表现取整数打分,重在弄清得分依据、扣分理由以及如何改进）	
F. 通过归纳、概括,写出你得到的结论,并思考与讨论如下问题: 1.方案一的优点、缺点 2.方案二的优点、缺点 3.方案三的优点、缺点 4.方案三中,旋转盆的旋转速度是否可以随意设置? 为什么? 5.这三个方案中出现的纸盒,在制作时需要注意哪些方面? 为什么? 6.如何改进实验,使得向光性的现象更加明显一些? 7.不同种植物的向光性程度一样吗? 为什么? 8.是否还有其他变量影响茎叶的生长方向? 需要设置对照组来探究吗? 9.是否会出现生长异常的植株? 为什么?	得出结论并进行评估	□ 能够正确描述植物生长方向与光照之间的关系,并合理地分析空间环境、生长状况、光照强度等因素在其中起到的作用 □ 有意识与提出的猜想假设相联系,能注意与预期结果不一致的现象,并做出合理解释 □ 除教材中的结论之外,有其他的新发现 □ 思考与讨论正确,理由充分、科学 1.方案一的优点:操作的可行性较强,适合学生实验。缺点:阳台未必完全是单侧光照 2.方案二的优点:合理地设置了单侧光照,让实验的对比效果更加明显。缺点:由于一组被盒子罩住,最后的生长结果可能受到盒子的影响 3.方案三的优点:同时考虑了单侧光照和纸盒这两个变量对结果的影响。缺点:旋转转盘会带来一个额外的因素,即旋转中植物惯性的存在是否会影响最终茎叶的生长方向 4.不能随意设置,因为旋转速度决定了植物受光的时间,如果旋转过慢,则使得植物处在一个类似单侧光照的情境下,这样就失去了对照作用	后生量表

续表

表现性评价任务		PTA 检核量表		应用范式建议
	评价指标	评分标准与规则 （每条标准满分 3 分，请根据真实表现取整数打分，重在弄清得分依据、扣分理由以及如何改进）		
	得出结论并进行评估	5.首先，纸盒的空间可以稍微大一点，因为这样可以留下足够的空气流通空间。其次，纸盒的材料最好隔热性差一些，因为实验需要尽可能排除盒内温度对植物生长的影响 6.可以在盒子里面多做几个挡板，最后查看植物的茎叶是否绕过挡板仍旧朝向阳光的方向 7.不同植物的向光性不一定相同，因为不同植物生长速度不一 8.还有一些变量，例如环境湿度、植物种类、光照强度等，这些因素可能会对植物生长有影响，但是影响不大，不需要单独设置对照组 9.会出现光照强度不够、单侧光方向设置不佳、幼苗不健康等问题		后生量表
G.表达与交流	G1. 小组合作：用文字、图表等方式，就探究过程与结果，制作一个交流展示板	小组合作制作展板	☐ 展板内容应包括：主题；科学探究过程的基本要素；反思、体会等 ☐ 展板结构化、系统化，能够清晰地呈现科学探究过程的各要素，明确所涉及的科学思想方法 ☐ 展板简洁、美观 ☐ 善于与同伴合作，既能尊重合作者，也能坚持自己的原则	前置量表
	G2. 小组之间相互随机抽取组员就自己的展板进行解说交流	交流	☐ 能简要、清晰、有逻辑地表达展板内容 ☐ 能倾听和尊重他人提出的不同观点，并交换意见	前置量表

2.2 植物对水的反应

表现性评价任务	评价指标	评分标准与规则（每条标准满分3分，请根据真实表现取整数打分，重在弄清得分依据、扣分理由以及如何改进）	应用范式建议
A. 观看图片，提出可探究的科学问题 （图片内容：不同地区植物根的生长情况——土壤的水分分布不同，导致植物根的生长方向不同，且在干燥的沙漠中植物的根更长） 	提出问题	☐ 表述清晰，且是用带"?"的话语 ☐ 以图片中的客观事实为基础 ☐ 指向"不同环境（水分）下，植物根的生长方向不同"的现象 ☐ 问题结果暗含植物根的生长方向与水分有一定关系 ☐ 提出其他有价值的科学问题	前置量表
B. 提出猜想与假设，并说明理由	提出猜想与假设	☐ 能够猜出植物根的生长方向与水分的分布这一因素有关 ☐ 能够建立植物根生长方向与土壤中水分分布的关系 ☐ 陈述的理由是基于图片中的事实和生活中的现象 ☐ 陈述的理由要与提出的猜想与假设保持一致	后置量表

上方表头跨列：PTA 检核量表

续表

| 表现性评价任务 | PTA 检核量表 | | 应用范式建议 |
	评价指标	评分标准与规则（每条标准满分 3 分,请根据真实表现取整数打分,重在弄清得分依据、扣分理由以及如何改进）	
C. 制定探究方案			
C1."动脑"和"动手"相结合：一边带着对 C2 给出的几个问题做系统思考,一边动手用简图画出实验方案,并简要说明实验步骤	设计实验方案	□ 方案针对"植物根的生长方向与土壤中水分的分布有什么关系" □ 方案准确运用了控制变量等科学思想方法 □ 方案逻辑严密、结构完整 □ 方案具有可操作性 □ 方案具有一定创新性,如植物的根在土壤中的生长会受到水分、肥料、重力等因素的影响,如何控制其他变量	后生量表
C2.思考并回答如下问题 1.实验研究的变量是什么? 如何改变自变量? 2.如何保证土壤一侧的水不渗到另一侧? 3.要控制哪些变量? 4.实验中要观察什么? 如何观察? 5.需要哪些实验器材?	实验设计思路	□ 回答正确,理由充分,有科学依据 1.土壤含水量。同一份土壤,分成若干份,分别浇不等量的水 2.土壤正中间加一块隔板,或右侧放一定量吸水剂 3.植物的种类、土壤种类等 4.观察根的生长方向。几天后从土壤中取出观察 5.豆苗、花盆、水等	后生量表
C3.设计实验数据记录表	设计实验数据记录表	□ 表格中记录的内容为"豆苗根的生长方向""土壤中水分的多少" □ 针对水分的多少,表格中应至少设计三组实验 □ 表头纵排为"豆苗根的生长方向",横排为"土壤中水分的多少"	后置量表

36

续表

表现性评价任务	PTA 检核量表		应用范式建议
	评价指标	评分标准与规则（每条标准满分 3 分,请根据真实表现取整数打分,重在弄清得分依据、扣分理由以及如何改进）	
D.实验操作,并记录实验数据 1.准备 3 盆营养成分齐全而且充分的土壤 2.把 30 棵已经生根的豆苗平均分成 3 组,栽入营养成分相同的盆中 3.第一盆土壤左侧浇适量的水,右侧保持干燥;第二盆土壤左侧保持干燥,右侧浇适量的水;第三盆土壤全部浸水 4.两周后将 30 棵豆苗取出,保持 3 组豆苗位置不变,观察其根的生长方向 5.通过观察植物根的分布情况,得出相应的科学结论	进行实验与获取数据	□ 保证栽入豆苗的盆中土壤的营养成分等条件相同,确保实验组和对照组中水分分布不同 □ 两周后将 30 棵豆苗取出,观察 3 组豆苗的根,观察其根的生长方向 □ 数据记录真实、及时、完整 □ 能够关注与记录实验中的"意外"情况	前置量表
E.比较分析数据 1.比较取出的 30 棵豆苗,观察 3 组植物的根生长方向有什么不同 2.观察上述植物根的生长方向与水分分布有什么关系	分析与论证	□ 能够对获得的数据进行重新处理 □ 能够从不同的视角对数据(包括通常认为的无效数据)进行科学分析与解释 □ 回答正确,理由充分、科学 1.第一组豆苗的大部分根向左生长,第二组豆苗的大部分根向右生长,第三组豆苗的根向各个方向生长,分布较均匀 2.植物的根朝着水分充足的地方生长	后置量表

续表

表现性评价任务		PTA 检核量表		应用范式建议
		评价指标	评分标准与规则（每条标准满分 3 分，请根据真实表现取整数打分，重在弄清得分依据、扣分理由以及如何改进）	
F.通过归纳、概括，写出你得到的结论，并评估结论的可靠性		得出结论并进行评估	□ 能够准确、严谨、概括地描述植物的根生长与土壤中水分分布的关系 □ 有意识与提出的猜想假设相联系，能注意到与预期结果不一致的现象，并做出合理解释 □ 能够合理分析实验误差，正确区分误差与错误 □ 除教材中的结论之外，能有其他的新发现	后置量表
G.表达与交流	G1.小组合作：用文字、图表等方式，就探究过程、结果与反思，制作一个交流展示板	小组合作制作展板	□ 展板内容应包括：主题；提出的科学问题；提出的猜想与假设；得出结论和评估等要素；实验中的反思等 □ 展板结构化、清晰地呈现科学探究过程的六个要素，突出控制变量、对照、多次测量等科学思想方法 □ 展板简洁、美观 □ 善于与同伴合作，既能尊重合作者，也能坚持自己的原则	前置量表
	G2.小组之间，相互随机抽取组员就自己的展板进行解说交流	交流	□ 能简要、清晰、有逻辑地表达展板内容 □ 能倾听和尊重他人提出的不同观点，并交换意见	前置量表

2.3　动物呼出和吸入的气体成分含量有无变化

表现性评价任务	PTA 检核量表		应用范式建议
	评价指标	评分标准与规则 （每条标准满分 3 分，请根据真实表现取整数打分，重在弄清得分依据、扣分理由以及如何改进）	
A. 科学探究问题 （动物像植物一样，也能进行呼吸作用，通过实验观察动物呼出和吸入的气体成分含量有无变化）	提出问题	□ 表述清晰，且是用带"?"的话语 □ 指向动物呼出和吸入的气体成分不同 □ 提出其他有价值的科学问题	后置量表
B. 提出猜想与假设，并说明理由	提出猜想与假设	□ 能够猜出呼吸作用释放二氧化碳这一因素 □ 能够建立呼吸作用消耗氧气产生二氧化碳之间的关系 □ 陈述的理由是基于观察到的现象、与呼吸作用有关的知识和生活经验 □ 陈述的理由要与提出的猜想与假设保持一致	后置量表

续表

表现性评价任务		PTA 检核量表		应用范式建议
	评价指标	评分标准与规则（每条标准满分 3 分，请根据真实表现取整数打分，重在弄清得分依据、扣分理由以及如何改进）		
C.制定探究方案	C1."动脑"和"动手"相结合：一边对 C2 给出的几个问题做系统思考，一边动手用简图画出实验方案，并简要说明实验步骤	设计实验方案	□ 方案针对"动物呼出和吸入的气体成分含量有没有变化" □ 方案准确运用了控制变量、转换等科学思想方法 □ 方案逻辑严密、结构完整 □ 方案具有可操作性 □ 方案具有一定创新性，如对挑选什么样的动物，如何保证动物存活，如何检测氧气含量在减少（利用传感器）、二氧化碳在增加，如何使实验现象更明显等方面提出自己的想法	后生量表
	C2.思考并回答如下问题 1.实验研究的对象是什么？ 2.如何吸收呼吸作用释放的二氧化碳气体？ 3.如何证明动物呼出和吸入的气体成分发生了变化？ 4.实验中如何观测因变量？ 5.如何排除外界温度等的变化对实验的影响？	实验设计思路	□ 回答正确，理由充分、科学 1.昆虫 2.用碱石灰吸收 3.容器内压强是否改变 4.装置内二氧化碳气体被碱石灰吸收，动物呼吸消耗氧气引起容器内压强变化从而使液柱移动 5.设置对照组	后生量表

表现性评价任务		评价指标	PTA 检核量表	应用范式建议
			评分标准与规则 （每条标准满分 3 分,请根据真实表现取整数打分,重在弄清得分依据、扣分理由以及如何改进）	
C.制定探究方案	C3.设计实验数据记录表	设计实验数据记录表	<table><tr><td></td><td>开始时指标的距离</td><td>10 分钟后指标的距离</td></tr><tr><td>实验组</td><td></td><td></td></tr><tr><td>对照组</td><td></td><td></td></tr></table> ☐ 表格中记录的变量为指标的距离 ☐ 表头横排为指标的距离(指标的距离为红色水滴最左端离橡皮塞的距离),具体为"开始时指标的距离""10 分钟后指标的距离",竖排为实验组别,具体为"实验组""对照组"	后置量表
D.实验操作,并记录实验数据 1.按下图连接实验装置,将 A、B 试管中红色水滴指标与橡皮塞的距离分别记录在表格中 2.10 分钟后再次将红色水滴指标与橡皮塞的距离分别记录在表格中 昆虫 A 碱石灰(吸收二氧化碳) 指标(红色水滴) 铁丝网 B 碱石灰 指标 铁丝网		进行实验与获取数据	☐ 能根据实验需要挑选合适的实验器材,并能规范组装实验装置等 ☐ 能够科学观察实验前后各装置的变化 ☐ 数据记录真实、及时、完整 ☐ 能够关注与记录实验中的"意外"情况	后置量表

续表

表现性评价任务	PTA 检核量表		应用范式建议
	评价指标	评分标准与规则 （每条标准满分 3 分，请根据真实表现取整数打分，重在弄清得分依据、扣分理由以及如何改进）	
E. 比较分析数据，解释如下现象 1. 实验组中红色水滴指标向试管移动的原因 2. 对照组中红色水滴指标向试管移动或远离试管的原因	分析与论证	□ 能够对获得的数据进行重新处理 □ 能够从不同的视角对数据（包括通常认为的无效数据）进行科学分析与解释 1. 呼吸作用产生的二氧化碳被碱石灰吸收，试管内气压减小，大气压将红色水滴指标推向试管 2. 外界温度使试管内气压发生改变，引起红色水滴指标移动	后置量表
F. 通过归纳、概括，写出你得到的结论，并分析讨论实验中的误差以及如何减少误差	得出结论并进行评估	□ 能够用自己语言准确、严谨、概括地描述实验组、对照组指标移动的原因，根据实验组与对照组指标差分析原因——动物呼吸作用引起气体成分发生变化 □ 有意识与提出的猜想与假设相联系，能注意到与预期结果不一致的现象，并做出合理解释 □ 能够合理分析实验误差，如难以判断装置内氧气含量在减少、装置气密性对实验结果会造成影响等，正确区分误差与错误 □ 除教材中的结论之外，有其他的新发现	后置量表

续表

表现性评价任务		PTA 检核量表		应用范式建议
		评价指标	评分标准与规则（每条标准满分 3 分，请根据真实表现取整数打分，重在弄清得分依据、扣分理由以及如何改进）	
G. 表达与交流	G1.小组合作：用文字、图表等方式，就探究过程、结果与反思，制作一个交流展示板	小组合作制作展板	□ 展板内容应包括：主题；科学探究提出的科学问题、提出的猜想与假设，得出结论和评估等要素；反思等 □ 展板结构化、清晰地呈现科学探究过程的六个要素，突出控制变量、转换等科学思想方法 □ 展板简洁、美观 □ 善于与同伴合作，既能尊重合作者，也能坚持自己的原则	前置量表
	G2.小组之间，相互随机抽取组员就自己的展板进行解说交流	交流	□ 能简要、清晰、有逻辑地表达展板的内容 □ 能倾听和尊重他人提出的不同观点，并交换意见	前置量表

2.4 植物光合作用需要光照

表现性评价任务		PTA 检核量表		应用范式建议
		评价指标	评分标准与规则（每条标准满分 3 分，请根据真实表现取整数打分，重在弄清得分依据、扣分理由以及如何改进）	
A. 阅读材料，提出可探究的科学问题（材料信息：水下 200 米处，一般找不到绿色植物，因为深海地区终年黑暗，阳光难以透入，动物种类和数量也非常贫乏）		提出问题	□ 表述清晰，且是用带"?"的话语 □ 以材料中的事实为基础 □ 指向光合作用需要光照 □ 提出其他有价值的科学问题	后置量表

续表

表现性评价任务	PTA 检核量表		应用范式建议
	评价指标	评分标准与规则 （每条标准满分 3 分，请根据真实表现取整数打分，重在弄清得分依据、扣分理由以及如何改进）	
B. 提出猜想与假设，并说明理由	提出猜想与假设	□ 能够建立光照与光合作用之间的关系——光照会影响光合作用 □ 陈述的理由是基于与光合作用有关的知识 □ 陈述的理由要与提出的猜想与假设保持一致	后置量表
C. 制定探究方案	C1."动脑"和"动手"相结合：一边带着对 C2 给出的几个问题做系统思考，一边动手用简图画出实验方案，并简要说明实验步骤	设计实验方案	□ 方案针对"光合作用需要光照" □ 实验材料选择恰当且能对其进行适当的处理后用于实验 □ 方案准确运用了控制变量、转换等科学思想方法，且能叙述并解释对照实验 □ 方案有减少外来因素干扰的设计 □ 方案逻辑严密、结构完整 □ 方案选用合适的方法对因变量进行观察或测量，且实际操作简便可行	后生量表
	C2.思考并回答如下问题 1.实验研究的变量是什么？ 2.怎样来设置对照组？如何控制相应的无关变量？ 3.如何判断植物进行了光合作用？运用什么科学方法？ 4.选择怎样的植物？实验前要对植物做怎样的处理？为什么这样处理？	实验设计思路	□ 回答正确，理由充分、科学 1.光照 2.需要做对照实验：一组提供充分的光照，一组做遮光处理，其他条件相同 3.利用碘液能使淀粉变蓝的原理，判断是否有产物淀粉生成 4.选用天竺葵等光合作用产物是淀粉且产物易于检验的植株，也可以用金鱼藻。实验前将天竺葵放在黑暗处一昼夜，将植物体内原有的淀粉耗尽，排除植株体内原有淀粉对实验的干扰	后生量表

表现性评价任务		评价指标	PTA 检核量表	应用范式建议
			评分标准与规则 （每条标准满分 3 分，请根据真实表现取整数打分，重在弄清得分依据、扣分理由以及如何改进）	
C.制定探究方案	C3.设计实验数据记录表	设计实验数据记录表	□ 表格中记录的变量是光照 □ 针对变量，表格中应设计两组实验（有光与遮光） □ 表头横排为"实验序号""光照""滴加碘液后叶片颜色"，竖向为"1""2" □ 记录叶片的颜色	后置量表
D.实验操作，并记录结果 1.把盆栽的银边天竺葵在黑暗的地方放置一昼夜。第 2 天，用 2 张大小相等的铝箔纸在叶片绿色部分的相同位置从上下两面盖严，并用大头针固定，然后放到阳光下照射 2.4 小时后，去掉铝箔纸，将叶片摘下 3.把叶片放到盛有酒精的小烧杯中，水浴加热，仔细观察叶片和酒精的颜色变化 4.到叶片褪成黄白色时，取出叶片并用清水洗净后，滴上碘液。几分钟后，用清水冲掉叶片上的碘液，观察叶片的颜色是否发生变化		进行实验与获取数据	□ 执行探究方案中规定的步骤，操作规范、到位 □ 能准确地描述实验现象，记录实验结果 □ 结果记录真实、及时、完整 □ 能够真实记录实验中的异常现象和结果	前置量表
E.比较分析数据，思考如下问题 1.同一张叶片，一部分用铝箔纸盖严，其余部分未盖铝箔纸，此处的变量是什么？ 2.叶片见光部分遇到碘液变成了蓝色，而未见光部分未变蓝色，这个实验结果说明什么？		分析与论证	□ 能够对获得的数据进行重新处理 □ 能够从不同的视角对数据（包括通常认为的无效数据）进行科学分析与解释 1.光照有无 2.天竺葵光合作用产生淀粉，光合作用与光照有关	后置量表

续表

表现性评价任务		PTA 检核量表		应用范式建议
		评价指标	评分标准与规则（每条标准满分 3 分，请根据真实表现取整数打分，重在弄清得分依据、扣分理由以及如何改进）	
F.通过归纳、概括，写出你得到的结论，并评估结论的可靠性		得出结论并进行评估	☐ 能够用自己语言正确描述光合作用的条件与产物 ☐ 有意识与提出的猜想与假设相联系，能注意到与预期结果不一致的现象，并做出合理解释 ☐ 能够合理分析实验误差，正确区分误差与错误 ☐ 除教材中的结论之外，能有其他的新发现	后置量表
G.表达与交流	G1.小组合作：用文字、图表等方式，就探究过程、结果与反思，制作一个实验交流展板	小组合作制作展板	☐ 实验展板应包括：主题；提出的科学问题、提出的猜想与假设，得出的结论和评估等要素；实验中的反思等 ☐ 展板结构化，突出控制变量、转换等科学思想方法 ☐ 善于与同伴合作，既能尊重合作者，也能坚持自己的原则	前置量表
	G2.小组之间，相互随机抽取组员就自己的实验展板进行解说交流	交流	☐ 能简要、清晰、有逻辑地表达 ☐ 能倾听和尊重他人提出的不同观点，并交换意见	前置量表

2.5　植物光合作用产生氧气

表现性评价任务	PTA 检核量表		应用范式建议
	评价指标	评分标准与规则（每条标准满分 3 分,请根据真实表现取整数打分,重在弄清得分依据、扣分理由以及如何改进）	
A. 阅读资料,提出可探究的科学问题（材料信息:水族箱是一种观赏性的玻璃器具,里面有鱼类、水生植物,如金鱼藻等。水族箱内安装照明灯,由于水生植物的存在,能保证水族箱内氧气、二氧化碳成分基本保持稳定）	提出问题	□ 表述清晰,且是用带"?"的话语 □ 以资料中客观事实为基础 □ 指向认识与探索气体含量的变化 □ 问题结果暗含植物光合作用产生氧气 □ 提出其他有价值的科学问题	后置量表
B. 提出猜想与假设,并说明理由	提出猜想与假设	□ 能够提出"植物光合作用产生了氧气"的猜想与假设 □ 陈述的理由是依据观察到的现象、学过的"光合作用的条件与产物""氧气的性质"等有关科学知识、生活经验等 □ 陈述的理由要与提出的猜想与假设保持一致	后置量表

续表

表现性评价任务		PTA 检核量表		应用范式建议
		评价指标	评分标准与规则 （每条标准满分 3 分，请根据真实表现取整数打分，重在弄清得分依据、扣分理由以及如何改进）	
C.制定探究方案	C1."动脑"和"动手"相结合：一边对 C2 给出的几个问题做系统思考，一边动手用简图画出实验方案，并简要说明实验步骤	设计实验方案	☐ 方案针对如何收集产生的气体、如何证明收集到的气体含有氧气等问题 ☐ 方案准确运用了控制变量法、转换法等科学思想方法 ☐ 方案逻辑严密、结构完整 ☐ 方案具有可操作性 ☐ 方案具有一定创新性，如对实验材料和仪器的选择、实验装置等提出自己的想法	后生量表
	C2.思考并回答如下问题 1.选择哪种植物作为实验材料比较适宜？ 2.要收集产生的气体还需要选择哪些实验仪器？ 3.如何证明收集到的气体中含有较多的氧气？	实验设计思路	☐ 回答正确、理由充分、科学 1.在实验室条件下产生的气体易于收集的水生植物 2.大水槽、漏斗（颈较短）、合适大小的试管（与方案相适应的仪器皆可） 3.将点燃的卫生香伸入试管，观察卫生香燃烧的情况	后生量表
	C3.设计实验数据记录表	设计实验数据记录表	☐ 记录的变量为有无植物、有无光照 ☐ 针对以上两个变量，表格中适合进行两两对照 ☐ 表头横排为"实验序号""有无植物""有无光照""卫生香燃烧的剧烈程度"等，竖排为"1""2""3" ☐ 表格呈现方式清晰，便于记录	后置量表

续表

表现性评价任务	PTA 检核量表		应用范式建议
	评价指标	评分标准与规则（每条标准满分 3 分,请根据真实表现取整数打分,重在弄清得分依据、扣分理由以及如何改进）	
D.实验操作,并记录实验现象 1.在一只玻璃水槽中放入清水,将金鱼藻(或其他水生植物)放入水中,将漏斗盖在金鱼藻上 2.在漏斗上面罩上盛满清水的试管 3.将整个装置放在强实验光源下。注意观察金鱼藻有无气泡产生。这些气泡中的气体会收集在试管中。当试管中充满气体时,用大拇指在水中盖住试管口,将试管取出 4.将点燃的卫生香放入试管,观察卫生香燃烧的情况 5.选用相同的实验材料与仪器,在黑暗条件下重复实验步骤 1—4 6.选用相同的实验仪器与装置但不放入金鱼藻,重复实验步骤 1—4	进行实验与获取数据	☐ 熟练进行组装实验装置、在水下取出试管、用卫生香检验氧气等操作 ☐ 能够科学地观察并记录有无植物、有无光照影响卫生香燃烧的剧烈程度 ☐ 现象记录真实,结果直观完整 ☐ 能够关注与记录实验中的"意外"情况	前置量表
E.比较分析数据,写出你的发现	分析与论证	☐ 能够对获得的数据进行重新处理 ☐ 能够从不同的视角对数据(包括通常认为的无效数据)进行科学分析与解释	后置量表

续表

表现性评价任务	PTA 检核量表		应用范式建议
	评价指标	评分标准与规则（每条标准满分 3 分,请根据真实表现取整数打分,重在弄清得分依据、扣分理由以及如何改进）	
F.通过归纳、概括,写出你得到的结论,并思考与讨论如下问题 1.你还可以利用哪些仪器组成合适的装置完成该探究? 2.实验过程中实验组和对照组还有哪些明显不同的实验现象?	得出结论并进行评估	□ 结论能够准确、严谨、概括地描述变量之间的关系 □ 有意识与提出的猜想与假设相联系,能注意到与预期结果不一致的现象,并做出合理解释 □ 能够合理分析实验误差,正确区分误差与错误 □ 除教材中的结论之外,力求能有其他的新发现 □ 回答正确,理由充分、科学 1.大型注射器替代漏斗、水槽(合理易操作即可) 2.相同时间内水中出现的气泡数目、相同时间内收集到的气体体积等明显不同	后置量表
G.表达与交流	G1.小组合作:用文字、图表等方式,就探究过程、结果与反思,制作一个交流展示板	小组合作制作展板	□ 展板内容应包括:主题;提出的科学问题;建立的猜想与假设;设计的验证方案等要素;实验引发的更深层次的思考等 □ 展板结构化、清晰地呈现科学探究过程的六个要素,突出控制变量法、转换法等科学思想方法 □ 展板简洁、美观 □ 善于与同伴合作,既能尊重合作者,也能坚持自己的原则	前置量表
	G2.小组之间,相互随机抽取组员就自己的展板进行解说交流	交流	□ 能简要、清晰、有逻辑地表达展板内容 □ 能倾听和尊重他人提出的不同观点,并交换意见	前置量表

2.6　植物光合作用需要二氧化碳

表现性评价任务	PTA 检核量表		应用范式建议
	评价指标	评分标准与规则（每条标准满分 3 分，请根据真实表现取整数打分，重在弄清得分依据、扣分理由以及如何改进）	
A. 观看图片，提出可探究的科学问题 （图片聚焦：为植物提供二氧化碳） 	提出问题	☐ 表述清晰，且是用带"?"的话语 ☐ 指向"植物的光合作用需要二氧化碳作为原料"的现象 ☐ 提出其他有价值的科学问题	后置量表
B. 提出猜想与假设，并说明理由	提出猜想与假设	☐ 能够提出"光合作用需要二氧化碳"的假设 ☐ 陈述的理由是基于已学的空气的成分、大气中氧气和二氧化碳的含量等学科知识，大棚种植施加气肥（二氧化碳）的农业现象 ☐ 陈述的理由要与提出的猜想与假设保持一致	后置量表

续表

表现性评价任务	PTA 检核量表		应用范式建议
	评价指标	评分标准与规则 （每条标准满分 3 分，请根据真实表现取整数打分，重在弄清得分依据、扣分理由以及如何改进）	
C. 制定探究方案 C1."动脑"和"动手"相结合：一边对 C2 给出的几个问题做系统思考，一边动手用简图画出实验方案，并简要说明实验步骤	设计实验方案	☐ 方案针对"如果二氧化碳是植物进行光合作用的原料，那么没有二氧化碳，植物就不能进行光合作用" ☐ 方案实验步骤表述清晰，具有科学性，逻辑严密，实验步骤结构完整 ☐ 实验简图清晰明了，能反映实验过程 ☐ 实验对象、变量的转换与控制具有可操作性 ☐ 方案具有一定创新性，如就如何处理植物生存的环境中没有二氧化碳，如何不让叶片从外界吸收到二氧化碳等问题提出自己的想法	后生量表
C2.思考并回答如下问题 1.实验研究的变量是什么？ 2.此项探究需要对照实验吗？怎样来设置对照组？如何控制相应的无关变量？ 3.如何判断植物进行了光合作用？运用什么科学方法？ 4.选择怎样的植物？实验前植物要做怎样的处理？为什么这样处理？	实验设计思路	☐ 回答正确，理由充分、科学 1.二氧化碳 2.需要对照实验；用浓氢氧化钠溶液和等量的二氧化碳释放剂分别处理叶片生活的环境；选取同一株植物枝条上的幼嫩程度、大小、绿色程度差不多的叶片，放在光照、温度相同的环境中 3.通过检验实验组和对照组经处理后的叶片遇碘是否变色，从而检验光合作用的产物淀粉 4.选用天竺葵等易于检验光合作用产物的植株；将天竺葵放在黑暗处一昼夜，使植物体内原有的淀粉耗尽，排除植株体内原有淀粉对实验的干扰	后生量表

表现性评价任务		PTA 检核量表		应用范式建议
		评价指标	评分标准与规则 （每条标准满分 3 分,请根据真实表现取整数打分,重在弄清得分依据、扣分理由以及如何改进）	
C. 制定探究方案	C3.设计实验数据记录表	设计实验数据记录表	□ 表格中记录的实验内容需包括处理自变量(一组放置浓氢氧化钠溶液,另一组放置等量的二氧化碳释放剂)、滴加碘液后的叶片的颜色 □ 表头横排为"实验组""对照组",竖向为"实验现象"	后置量表
D.实验操作,并记录实验现象和结果 1.选择一株生长健康的天竺葵,放在黑暗的地方一昼夜 2.在植物上选定两片叶子,按设计的方案对叶片进行处理,如图所示 3.将植物放到阳光下照射 4 小时 4.去掉塑料袋,将叶片摘下 5.把叶片放到盛有酒精的小烧杯中,水浴加热,仔细观察叶片和酒精的颜色变化 6.到叶片褪成黄白色时,取出叶片并用清水洗净后,滴上碘液 7.几分钟后,用清水冲掉叶片上的碘液,观察叶片的颜色是否发生变化		进行实验与获取数据	□ 规范黑暗处理植株,选用较轻且透明的塑料袋,一组放置浓氢氧化钠溶液,另一组放置等量的二氧化碳释放剂;规范水浴加热、漂洗等操作 □ 能够科学地观察现象,注意语言表达的科学性、完整性 □ 实验现象记录真实、及时、完整 □ 能够关注与记录实验中的"意外"情况	前置量表

续表

表现性评价任务		PTA 检核量表		应用范式建议
	评价指标	评分标准与规则 （每条标准满分 3 分，请根据真实表现取整数打分，重在弄清得分依据、扣分理由以及如何改进）		
E. 比较分析数据，思考并回答如下问题 1. 比较实验组和对照组的叶片滴加碘液后颜色的异同 2. 如果没有出现预期的现象，请分析可能的原因，并提出你的改进措施	分析与论证	□ 能够对获得的数据进行重新处理 □ 能够从不同的视角对数据（包括通常认为的无效数据）进行科学分析与解释 □ 回答正确、理由充分、科学 1. 实验组叶片不变蓝，对照组叶片变蓝 2. 能合理地分析实验失败的原因，并能提出相应合理的改进		后置量表
F. 根据实验结果，写出你得到的结论，并评估结论的可靠性	得出结论并进行评估	□ 能够用自己的语言正确描述植物光合作用需要二氧化碳的原理 □ 有意识与提出的猜想与假设相联系，能注意到与预期结果不一致的现象，并做出合理解释 □ 除教材中结论之外，能有其他的新发现		后置量表
G. 表达与交流	G1. 针对探究过程、结果与反思，用文字、图表等方式，小组合作制作一个交流展示板	小组合作制作展板	□ 展板内容应包括：主题；科学探究提出的科学问题；提出的猜想与假设；得出的结论和评估等要素；反思等 □ 展板结构化、清晰地呈现科学探究过程的六个要素，突出控制变量、转换等科学思想方法 □ 展板简洁、美观、科学性强，语言表达清晰到位 □ 善于与同伴合作，既能尊重合作者，也能坚持自己的原则	前置量表
	G2. 小组之间，相互随机抽取组员就自己的展板进行解说交流	交流	□ 能简要、清晰、有逻辑地表达展板内容 □ 能倾听和尊重他人提出的不同观点，并交换意见	前置量表

2.7　植物根吸收水分的主要部位

表现性评价任务	PTA 检核量表		应用范式建议
	评价指标	评分标准与规则 （每条标准满分 3 分，请根据真实表现取整数打分，重在弄清得分依据、扣分理由以及如何改进）	
A. 阅读资料，提出可探究的科学问题 （材料信息：移栽植物时要带土移栽，以保护幼根；植物在移栽的过程中，将植物的根部清洗后移栽与不清洗后移栽生长状况不一）	提出问题	☐ 表述清晰，且是用带"?"的话语 ☐ 以资料中的科学事实为基础 ☐ 指向认识和探究植物吸水部位 ☐ 问题结果暗含植物吸水的部位与根部并且与根的某个部位有关 ☐ 提出其他有价值的科学问题	后置量表
B. 提出猜想与假设，并说明理由	提出猜想与假设	☐ 能够猜出植物根部的不同部位吸水能力不同 ☐ 能够建立"植物根的吸水部位在根尖"的假设 ☐ 陈述的理由是基于科学事实、与"植物生长"有关的知识和生活经验 ☐ 陈述的理由要与提出的猜想与假设保持一致	后置量表

续表

表现性评价任务	PTA 检核量表		应用范式建议
	评价指标	评分标准与规则 （每条标准满分 3 分,请根据真实表现取整数打分,重在弄清得分依据、扣分理由以及如何改进）	
C. 制定探究方案 C1."动脑"和"动手"相结合:一边对 C2 给出的几个问题做系统思考,一边动手用简图画出实验方案,并简要说明实验步骤	设计实验方案	□ 方案针对"植物根部吸水的部位在哪里"或者"植物吸水的部位是否在根尖"等 □ 方案准确运用了控制变量、转换等科学思想方法 □ 方案逻辑严密、结构完整 □ 方案具有可操作性 □ 方案具有一定创新性,如就如何保留探究部位以及去除探究部位的操作等问题提出自己的想法	后生量表
C2.思考并回答如下问题 1.实验研究的对象是什么? 2.如何设置对照试验? 3.通过什么现象判断植物的根部在吸水? 4.在实验操作中应注意哪些问题?	实验设计思路	□ 回答正确,理由充分、科学 1.小麦根的不同部位 2.一组保留探究部位,一组去除探究部位 3.通过植物的生长情况判断探究部位是否在吸水 4.破坏探究部位处理方法	后生量表
C3.设计实验数据记录表	设计实验数据记录表	□ 表格中记录的变量为对根部的处理部位、植物的生长状况等 □ 表头横排为"对根部的处理部位",竖排为"植物的生长状况"	后置量表

表现性评价任务	PTA 检核量表		应用范式建议
	评价指标	评分标准与规则 （每条标准满分 3 分，请根据真实表现取整数打分，重在弄清得分依据、扣分理由以及如何改进）	
D. 实验操作，并记录实验数据 1. 培育小麦种子，直到它们长出较长的根 2. 选取 4 株生长旺盛、带有绿叶和根系的幼苗，随机分为 2 组。将其中一组的 2 株小麦植株所有根的前端剪去 3 ～ 5 毫米（即根尖），并在切口处涂上石蜡；另外一组不做处理 3. 将 2 组小麦幼苗分别放在土壤浸出液中培养，观察其生长情况 	进行实验与获取数据	☐ 规范除去探究部位，在处理部位涂上石蜡 ☐ 能够科学地观察由于根尖的缺失而导致的小麦生长状况的不同等 ☐ 数据记录真实、及时、完整 ☐ 能够关注与记录实验中的"意外"情况	前置量表
E. 比较分析数据，写出你的发现	分析与论证	☐ 能够对获得的数据进行重新处理 ☐ 能够从不同的视角对数据（包括通常认为的无效数据）进行科学分析与解释	后置量表

续表

表现性评价任务		PTA 检核量表		应用范式建议
		评价指标	评分标准与规则（每条标准满分 3 分，请根据真实表现取整数打分，重在弄清得分依据、扣分理由以及如何改进）	
F. 通过归纳、概括，写出你得到的结论，并评估结论的可靠性		得出结论并进行评估	☐ 能够用自己语言准确、严谨、概括地描述根的吸水部位 ☐ 有意识与提出的猜想与假设相联系，能注意到与预期结果不一致的现象，并做出合理解释 ☐ 能够合理分析实验误差，正确区分误差与错误 ☐ 除教材中的结论之外，能有其他的新发现	后置量表
G. 表达与交流	G1. 小组合作：用文字、图表等方式，就探究过程、结果与反思，制作一个交流展示板	小组合作制作展板	☐ 展板内容应包括：主题；科学探究提出的科学问题；提出的猜想与假设；得出的结论和评估等要素；反思等 ☐ 展板结构化、清晰地呈现科学探究过程的六个要素，突出控制变量、转换等科学思想方法 ☐ 展板简洁、美观 ☐ 善于与同伴合作，既能尊重合作者，也能坚持自己的原则	前置量表
	G2. 小组之间，相互随机抽取组员就自己的展板进行解说交流	交流	☐ 能简要、清晰、有逻辑地表达展板内容 ☐ 能倾听和尊重他人提出的不同观点，并交换意见	前置量表

2.8　茎运输水分和无机盐的部位

表现性评价任务	PTA 检核量表		应用范式建议
	评价指标	评分标准与规则 （每条标准满分 3 分，请根据真实表现取整数打分，重在弄清得分依据、扣分理由以及如何改进）	
A. 观察大树"打点滴"的图片，提出可探究的问题 	提出问题	☐ 表述清晰，且是用带"?"的话语 ☐ 问题以大树"挂水"的客观事实为基础 ☐ 问题指向"水"是通过大树茎的哪一部分结构运输的 ☐ 提出其他有价值的科学问题	前置量表
B. 提出猜想与假设，并说明理由	提出猜想与假设	☐ 能够猜出茎运输水和无机盐的部位是木质部的导管或韧皮部的筛管，或者两者兼是 ☐ 陈述的理由基于观察到的现象如"大树挂盐水的针头深浅"及科学推理等 ☐ 陈述的理由要与提出的猜想与假设保持一致	后置量表

续表

表现性评价任务		PTA 检核量表		应用范式建议
	评价指标	评分标准与规则（每条标准满分 3 分，请根据真实表现取整数打分，重在弄清得分依据、扣分理由以及如何改进）		
C. 制定探究方案	C1."动脑"和"动手"相结合：一边对 C2 给出的几个问题做系统思考，一边动手用简图画出实验方案，并简要说明实验步骤	设计实验方案	☐ 根据假设确定本实验的自变量，能设计对照实验，并进行分组编号 ☐ 能说出判断水和无机盐运输部位的方法是一定时间后通过放大镜观察到枝条中上方茎的横切面的染色部位 ☐ 能准确运用控制变量（如枝条为同种，粗细大小相似、叶片数相同）等科学思想方法 ☐ 方案体现对材料的选择和处理（每根枝条的下端用刀片削成面积相似的斜面），有减少外来因素干扰的设计 ☐ 方案具有一定创新性，如处理枝条时，可以先把木质部和韧皮部分开，然后在木质部或韧皮部上涂抹凡士林；可以纵切枝条，不仅可以观察染色部位，还可以判断运输方向	后生量表
	C2.思考并回答如下问题 1.选择的材料有什么要求？ 2.研究的变量是什么？如何改变？ 3.如何观察运输部位？ 4.为了清楚地看出染色部位，应怎么操作？	实验设计思路	☐ 回答正确，理由充分、科学 1.木本植物如大叶黄杨 2.3 根枝条不处理，3 根剥去下半部的韧皮部，3 根除去下半部的木质部 3.横切枝条的中上部，观察横切面的染色部位 4.把枝条放在红墨水中，并用放大镜观察	后生量表

续表

表现性评价任务		PTA 检核量表		应用范式建议
		评价指标	评分标准与规则（每条标准满分 3 分,请根据真实表现取整数打分,重在弄清得分依据、扣分理由以及如何改进）	
C.制定探究方案	C3.设计实验数据记录表	设计实验数据记录表	☐ 表格中记录的变量为枝条的处理方式、枝条切口上端被染色的部位 ☐ 需要重复实验,记录现象 ☐ 表格呈现简洁、清晰,如竖排为枝条处理的三种方式(分成三组),横排为实验现象,强调记录染色的部位	后置量表
D.实验操作,并记录实验数据 1.取粗细大小相似、长度相同、叶片数相同的大叶黄杨枝条 9 根,将每根枝条的下端用刀片削成面积相似的斜面,平均分成 3 组,每组 3 根。取 3 个大小相同的烧杯,贴上标签记为 A、B、C,注入等量并适量的红墨水 2.把不处理的 3 根枝条放入烧杯 A 中,剥去下半部韧皮部的 3 根枝条放入烧杯 B 中,除去下半部木质部的 3 根枝条放入烧杯 C 中(注意:B 组枝条下半部的木质部浸入红墨水中,C 组枝条下半部的韧皮部浸入红墨水中),并用夹子将 3 组枝条固定,置于温暖、光照充足的地方 3.10 分钟后取出枝条,用刀片横切枝条的中上部,用放大镜观察横切面的染色部位,并记录现象		进行实验与获取数据	☐ 按照设计,选择粗细大小相似、叶片数相同的同种木本植物枝条 3 根进行分组编号 ☐ 分别按表格中的 3 种处理方法处理 ☐ 将每组枝条分别插入 3 个盛有等量稀释红墨水的烧杯中,并用 3 个夹子将各组枝条分别固定,置于温暖、光照充足的地方 ☐ 10 分钟后取出枝条,用刀片横切枝条的中上部,用放大镜观察横切面的染色部位,并将实验现象记录在表格中 ☐ 现象记录真实、及时、完整,实验中观察 ☐ 关注与记录实验中的"意外"情况,能处理实验过程中出现的意外和故障	前置量表

续表

表现性评价任务	PTA 检核量表		应用范式建议
	评价指标	评分标准与规则（每条标准满分 3 分，请根据真实表现取整数打分，重在弄清得分依据、扣分理由以及如何改进）	
E.比较分析数据，写出你的发现，并思考与讨论如下问题 1.若 A、B 组枝条的韧皮部和木质部均被染色，而 C 组树皮未被染色，这说明什么问题？ 2.若将 A 组枝条进行纵切，你会观察到什么现象？这是什么原因造成的？	分析与论证	☐ 能够对获得的数据进行重新处理 ☐ 能够从不同的视角对数据（包括通常认为的无效数据）进行科学分析与解释 ☐ 思考与讨论正确，理由充分、科学 1.A、B 组枝条的韧皮部和木质部均被染色，C 组树皮未被染色，说明水分和无机盐是通过木质部运输的。A、B 组枝条的韧皮部被染色是因为水分和无机盐可由木质部横排运输到韧皮部 2.纵切面上越靠近枝条的顶端，染上的颜色就越浅。茎运输水分和无机盐是自下而上的	后置量表
F.通过归纳、概括，写出你得到的结论，并评估结论的可靠性	得出结论并进行评估	☐ 能够准确、严谨、概括地描述茎运输水和无机盐的部位是木质部 ☐ 有意识与提出的猜想与假设相联系，能注意到与预期结果不一致的现象，并做出合理解释 ☐ 能够合理分析实验误差，正确区分误差与错误 ☐ 除教材中结论之外，能有其他的新发现	后置量表

续表

表现性评价任务		PTA 检核量表		应用范式建议
		评价指标	评分标准与规则（每条标准满分 3 分,请根据真实表现取整数打分,重在弄清得分依据、扣分理由以及如何改进）	
G.表达与交流	G1.小组合作:用文字、图表等方式,就探究过程、结果与反思,制作一个交流展示板	小组合作制作展板	□ 展板内容应包括:主题;科学探究提出的科学问题;得出的结论和评估等要素;反思等 □ 展板结构化、清晰地呈现科学探究过程的六个要素,突出控制变量科学思想方法 □ 展板简洁、美观 □ 善于与同伴合作,既能尊重合作者,也能坚持自己的原则	前置量表
	G2.小组之间,相互随机抽取组员就自己的展板进行解说交流	交流	□ 能简要、清晰、有逻辑地表达展板内容 □ 能倾听和尊重他人提出的不同观点,并交换意见	前置量表

2.9 种子萌发需要什么条件

表现性评价任务	PTA 检核量表		应用范式建议
	评价指标	评分标准与规则（每条标准满分 3 分，请根据真实表现取整数打分，重在弄清得分依据、扣分理由以及如何改进）	
A. 阅读资料，提出可探究的科学问题（资料信息：自然条件下播种需要满足一定的条件，一般情况下选择春天播种，播种前往往先松土，保证土壤中有充足的空气。播种前后一段时间需要定期浇一定量水，过多水容易造成种子霉烂）	提出问题	□ 表述清晰，且是用带"？"的话语 □ 以生活经验或参考资料为基础 □ 指向认识与探索种子的萌发现象 □ 问题结果暗含种子的萌发与温度、水分、空气这三个因素有一定关系 □ 提出其他有价值的科学问题	后置量表
B. 提出猜想与假设，并说明理由	提出猜想与假设	□ 能够提出温度、水分、空气这三个因素 □ 能够建立种子的萌发与温度、水分、空气等变量之间的关系 □ 陈述的理由是基于观察到的现象、与"种子的萌发"有关的知识和生活经验 □ 陈述的理由要与提出的猜想与假设保持一致	后置量表

表现性评价任务	PTA 检核量表		应用范式建议
	评价指标	评分标准与规则（每条标准满分 3 分，请根据真实表现取整数打分，重在弄清得分依据、扣分理由以及如何改进）	
C. 制定探究方案 C1."动脑"和"动手"相结合：一边带着对 C2 给出的几个问题做系统思考，一边根据提供的实验材料，用简图画出实验方案，并简要说明实验步骤 实验材料：200 毫升的大烧杯若干个、铁丝架 3 个、恒温箱 1 个、豌豆种子若干、清水等	设计实验方案	☐ 方案针对"种子的萌发需要什么条件"或者"种子的萌发与温度、水分、空气有什么关系"等 ☐ 方案准确运用了控制变量等科学思想方法 ☐ 方案逻辑严密、结构完整，如种子自身条件的控制，种子数量的设置，对照组的设置，变量的控制 ☐ 方案具有可操作性，如间隔多久对种子进行一次观察 ☐ 方案具有一定创新性。敢于对书本中的实验设计提出质疑，并进行改进	后生量表
C2.思考并回答如下问题： 1.种子的选择有何要求？ 2.实验中考虑的变量有哪些？ 3.如何改变空气的多少（水分的多少，温度的高低）？ 4.研究某个变量（例如水分）时要控制其他哪些变量？如何控制？ 5.每组只有 1 粒种子可以吗？为什么？	实验设计思路	☐ 回答正确，理由充分、科学 1.种子结构完整，颗粒饱满 2.空气、水分、温度 3.设置实验组与对照组，如将实验组的种子用清水浸没 4.研究水分时要使温度和空气相同 5.每组不能只有 1 粒种子，因为要避免实验的偶然性	后生量表

续表

表现性评价任务		PTA 检核量表		应用范式建议
		评价指标	评分标准与规则 （每条标准满分 3 分，请根据真实表现取整数打分，重在弄清得分依据、扣分理由以及如何改进）	
C.制定探究方案	C3.设计实验数据记录表	设计实验数据记录表	□ 表格中记录的内容为水分、温度、空气、种子所处环境的组别 □ 表头为横排"水分""温度""空气"，竖排"组别"（或横排"组别"，竖排"水分""温度""空气"）	后置量表
D.实验操作，并记录实验数据 1.选取 9 粒饱满的豌豆种子，平均分成 3 组，分别记为甲、乙、丙，每一组的 3 粒种子分别标记为 A、B、C 2.取 3 个相同规格的大烧杯，将每一组的 A 种子放置在烧杯底部，将 B 和 C 种子分别放置在铁丝架的不同位置 3.往 3 个烧杯中加入适量的水（刚好将 B 种子部分浸没） 4.将甲、乙、丙 3 组种子分别放置在不同的环境温度中，每天观察记录种子的萌发情况，并根据实际情况添加适量清水		进行实验与获取数据	□ 种子放置的位置要正确 □ 烧杯中的水要适量 □ 温度的对照设置至少有 2 组 □ 能够定期观察种子的萌发状况，并进行记录 □ 数据记录真实、及时、完整 □ 能够关注与记录实验中的"意外"情况	前置量表
E.比较分析数据，写出你的发现		分析与论证	□ 能够对获得的数据进行重新处理 □ 能够从不同的视角对数据（包括通常认为的无效数据）进行科学分析与解释	后置量表

表现性评价任务	PTA 检核量表		应用范式建议
	评价指标	评分标准与规则 （每条标准满分 3 分，请根据真实表现取整数打分，重在弄清得分依据、扣分理由以及如何改进）	
F. 通过归纳、概括，写出你得到的结论，并思考与讨论如下问题 1. 比较同组 A、B、C 种子间存在的差异 2. 能否对甲组 B 种子和乙组 A 种子的萌发情况进行比较，得出某一因素对种子萌发的影响？并说明理由。	得出结论并进行评估	□ 能够用自己语言准确、严谨、概括地描述适宜的温度、一定的水分和充足的空气都是种子萌发的条件 □ 有意与"提出的猜想假设"相联系，能注意到与预期结果不一致的现象，并做出合理解释 □ 能够合理分析实验误差，正确区分误差与错误 □ 除教材中结论之外，能有其他的新发现 □ 思考与讨论正确，理由充分、科学 1. 能够分别针对 AB、AC 和 BC 种子进行比较 2. 否，因为在此对照中有两个变量	后置量表
G. 表达 与 交流	G1. 小组合作：用文字、图表等方式，就探究过程、结果与反思，制作一个交流展示板 小组合作制作展板	□ 展板内容应包括：主题、科学探究的各要素、反思等 □ 展板结构化、清晰地呈现科学探究过程的六个要素，突出控制变量等科学思想方法 □ 展板简洁、美观 □ 善于与同伴合作，既能尊重合作者，也能坚持自己的原则	前置量表
	G2. 小组之间，相互随机抽取组员就自己的展板进行解说交流 交流	□ 能简要、清晰、有逻辑地表达展板内容 □ 能倾听和尊重他人提出的不同观点，并交换意见	前置量表

◇ 物质科学(物理)

2.10 人脚印的长度与身高有什么关系

表现性评价任务	PTA 检核量表		应用范式建议
	评价指标	评分标准与规则(每条标准满分 3 分,请根据真实表现取整数打分,重在弄清得分依据、扣分理由以及如何改进)	
A. 阅读材料,提出可探究的科学问题 (如图所示,这是警方在一案发现场取得的一张犯罪嫌疑人的脚印照片,经过测量,脚印长度是 25.7 厘米,刑侦人员估计,此犯罪嫌疑人的身高大约是 180 厘米。警察常根据脚印的长度来推断犯罪嫌疑人的身高。还有,考古学家也会根据古代人脚印的长度来确定古代人的身高) 	提出问题	☐ 表述清晰,且是用带"?"的话语 ☐ 以材料中的客观事实为基础 ☐ 指向脚长与身高的关系 ☐ 问题结果暗含脚长与身高存在一定的比例关系 ☐ 提出其他有价值的科学问题	后生量表
B. 提出猜想与假设,并说明理由	提出猜想与假设	☐ 能够猜测身高与脚长存在关系 ☐ 能够建立身高与脚长之间的关系 ☐ 陈述的理由是依据观察到的现象及其他有关的知识和生活经验 ☐ 陈述的理由与提出的猜想与假设保持一致	前置量表

续表

表现性评价任务		PTA 检核量表		应用范式建议
		评价指标	评分标准与规则（每条标准满分 3 分，请根据真实表现取整数打分，重在弄清得分依据、扣分理由以及如何改进）	
C.制定探究方案	C1."动脑"和"动手"相结合：一边对 C2 给出的几个问题做系统思考，一边动手用简图画出实验方案，并简要说明实验步骤	设计实验方案	□ 方案针对"脚长与身高存在什么关系" □ 方案准确运用了随机抽取样本、控制变量等科学思想方法 □ 方案逻辑严密、结构完整 □ 方案具有可操作性，能合理呈现测量脚长和身高的具体方法 □ 方案具有一定创新性,如考虑了性别、年龄、左右脚区别、测量方法等因素,并采取相应的方案设计	前生量表
	C2.思考并回答如下问题 1.实验中,如何测量身高与脚长? 2.测量对象如何确定? 3.实验设计中还有哪些需要注意的问题?	实验设计思路	□ 回答正确,理由充分、科学 1.身高:后背贴墙,用三角板对齐竖直放置的米尺;脚长:脚后跟自然接触墙壁,踩在一边与墙对齐的 A4 纸上,用笔画出脚模后用刻度尺测量最长距离 2.随机抽样 3.根据设计的具体方案选取测量对象时,要考虑如性别、年龄等因素分组随机抽选	前生量表
	C3.设计实验数据记录表,并简要说明	设计实验数据记录表	□ 表格中记录的变量为年龄、性别、身高、脚长、身高脚长比值等 □ 记录人数应在 20 人以上 □ 表格呈现方式清晰,便于记录,表头横排为"性别""年龄""脚长""身高""身高脚长比值"等,竖排为"序号"	后置量表

续表

表现性评价任务	PTA 检核量表		应用范式建议
	评价指标	评分标准与规则（每条标准满分 3 分，请根据真实表现取整数打分，重在弄清得分依据、扣分理由以及如何改进）	
D.实验操作，并记录实验数据 1.确定样本的数量 2.清点实验器材，确定脚长与身高的测量方法 3.用刻度尺测量不同人的脚印长度与身高，并做好记录 数据记录表格： 序号 / 性别 / 年龄（岁）/ 脚长（厘米）/ 身高（厘米）/ 身高脚长比值 / 1 / 2 / ……	进行实验与获取数据	☐ 选择合适的测量工具，测量方法规范，标准统一 ☐ 能够科学地测量并记录身高、脚长，记录真实、及时、完整 ☐ 能够关注与记录实验中的"意外"情况	前置量表
E.比较、运算所记录的数据，写出你的发现	分析与论证	☐ 能够对获得的数据进行比较与计算 ☐ 能够从不同的视角对数据（包括通常认为的无效数据）进行科学分析与解释	前置量表

续表

表现性评价任务	PTA 检核量表		应用范式建议
	评价指标	评分标准与规则 （每条标准满分 3 分，请根据真实表现取整数打分，重在弄清得分依据、扣分理由以及如何改进）	
F. 通过归纳、概括，写出你得到的结论，并思考与讨论 1. 如何确定并处理错误数据？ 2. 如何减小实验误差？ 3. 能将所有人的身高、脚长求平均值吗？为了减小误差应该对什么值求平均值？	得出结论并进行评估	□ 能够正确描述身高与脚长的关系，能够对比多个身高与脚长的比值结果，正确看待比值不完全相同的情况 □ 有意识与提出的猜想与假设相联系，能注意到与预期结果不一致的现象，并做出合理解释 □ 除教材中结论之外，能有其他的新发现 □ 思考与讨论 1. 与其他数据差异显著，与实际情况明显不符的数据，为错误数据，剔除或重测 2. 求平均值减小误差 3. 不行，应该对所有数据分别得出身高脚长比值后再求平均值	后生量表
G. 表达与交流　G1. 小组合作：用文字、图表等方式，就探究过程、结果与反思，制作一个交流展示板	小组合作制作展板	□ 展板内容应包括：主题；提出的科学问题；提出的猜想与假设；得出的结论并进行评估等要素；反思等 □ 展板结构化、清晰地呈现科学探究过程的六个要素，突出测量方法、表格设计、数据处理等科学思想方法 □ 展板简洁、美观 □ 善于与同伴合作，既能尊重合作者，也能坚持自己的原则	前置量表
G2. 小组之间，相互随机抽取组员就自己的展板进行解说交流	交流	□ 能简要、清晰、有逻辑地表达展板内容 □ 能倾听和尊重他人提出的不同观点，并交换意见	前置量表

2.11 影响液体蒸发快慢的因素

表现性评价任务	PTA 检核量表		应用范式建议
	评价指标	评分标准与规则（每条标准满分 3 分，请根据真实表现取整数打分，重在弄清得分依据、扣分理由以及如何改进）	
A. 根据提供的图片和文字，提出可探究的科学问题 （我们一般都希望洗过的衣服干得快一些，买来的蔬菜干得慢些。这就涉及液体蒸发的快慢） 	提出问题	☐ 表述清晰，且是用带"?"的话语 ☐ 以图片和文字中的客观事实为基础 ☐ 指向认识与探索液体蒸发快慢现象 ☐ 问题结果暗含液体蒸发快慢与一些因素有一定关系 ☐ 提出其他有价值的科学问题	后生量表
B. 提出猜想与假设，并说明理由	提出猜想与假设	☐ 能够猜出"温度高低""液体表面积的大小""液体表面空气流动的快慢""液体种类"等因素会影响液体蒸发快慢 ☐ 能够建立液体蒸发快慢与温度高低、液体表面积的大小、液体表面空气流动的快慢、液体种类等四个变量之间的关系 ☐ 陈述的理由是基于观察到的现象、与"蒸发快慢"有关的知识和生活经验 ☐ 陈述的理由要与提出的猜想与假设保持一致	后置量表

续表

表现性评价任务	PTA 检核量表		应用范式建议
	评价指标	评分标准与规则 (每条标准满分 3 分,请根据真实表现取整数打分,重在弄清得分依据、扣分理由以及如何改进)	
C.制定探究方案 C1."动脑"和"动手"相结合:一边对 C2 给出的几个问题做系统思考,一边动手用简图画出实验方案,并简要说明实验步骤	设计实验方案	□ 方案针对"液体蒸发快慢与液体表面积有什么关系""液体蒸发快慢与液体种类有无关系"等问题 □ 方案准确运用了控制变量法 □ 方案逻辑严密、结构完整 □ 方案具有可操作性 □ 方案具有一定的创新性,如提出在玻璃板上粘贴两个面积大小相同的圆橡胶圈,在圆圈里滴液体,并摊开到与圆一样的大小,以控制液体表面积大小	后生量表
C2.思考并回答如下问题: 1.用哪种液体做实验比较好? 2.如何控制液体表面积相同? 3.如何改变液体表面空气流动的快慢? 4.如何改变温度?	实验设计思路	□ 回答正确,理由充分、科学 1.酒精。酒精蒸发快,实验现象明显 2.首先需要控制滴的液体体积相同,其次需要滴在相同的范围内均匀摊开 3.一组扇风,另一组放在远离扇风的地方 4.一组酒精灯加热,一组常温	后生量表
C3.设计实验数据记录表	设计实验数据记录表	□ 表格中记录的变量应包括液体种类、液体表面积、液体温度、液体表面空气流动速度、液体蒸发快慢等 □ 表格中对每一个因素的探究应至少设计 3 次记录 □ 表头横排为"液体蒸发快慢"或"液体蒸发时间",纵排为"液体种类""液体表面积""液体温度""液体表面空气流动速度"等	后置量表

续表

表现性评价任务	PTA 检核量表		应用范式建议
	评价指标	评分标准与规则（每条标准满分3分，请根据真实表现取整数打分，重在弄清得分依据、扣分理由以及如何改进）	
D. 实验操作，并记录实验数据 ①"液体表面积大小"因素： 如图甲，在2块玻璃片上各滴1滴酒精，其中一块玻璃片上的酒精摊开的面积大一些 图甲 ②"温度高低"因素： 如图乙，在2块玻璃片上各滴1滴酒精。用木夹夹住一块玻璃片，放在酒精灯上加热 图乙 ③"液体表面空气流动速度"因素： 如图丙，在2块玻璃片上各滴1滴酒精。用硬纸板对其中一块玻璃片上的酒精扇风 图丙	进行实验与获取数据	□ 控制单一变量，在规定区域内滴一滴液体。在②③实验中两滴酒精的表面积大致相同 □ 胶头滴管使用正确 □ 加热时要注意对玻璃片进行预热，防止受热不均破损 □ 对其中一组扇风时，另　组要放置在远一点的地方 □ 能够科学地观察液体蒸发情况，比较并记录不同情况下液体蒸发需要的时间 □ 数据记录真实、及时、完整 □ 能够关注与记录实验中的"意外"情况	前置量表

续表

表现性评价任务	PTA 检核量表		应用范式建议
	评价指标	评分标准与规则（每条标准满分 3 分,请根据真实表现取整数打分,重在弄清得分依据、扣分理由以及如何改进）	
E. 比较与分析数据,写出你的发现	分析与论证	□ 能够从不同的视角对数据(包括通常认为的无效数据)进行科学分析与解释 □ 能够发现:温度越高,液体表面积越大,液体表面空气流动越快,液体蒸发得越快。其他条件一样时,液体蒸发快慢与液体种类有关	前生量表
F. 通过归纳、概括,写出你得到的结论,并评估结论的可靠性	得出结论并进行评估	□ 能够准确、严谨、概括地描述温度高低、液体表面积、液体表面空气流动速度、液体种类等与液体蒸发快慢之间的关系 □ 有意识与提出的猜想与假设相联系,能注意到与预期结果不一致的现象,并做出合理解释 □ 除教材中结论之外,有其他的新发现 □ 能进行误差分析,如滴的液体的体积不是完全一样;用酒精灯加热时另一组靠得太近;扇风时另一组靠得太近等	后置量表

续表

表现性评价任务		PTA 检核量表		应用范式建议
		评价指标	评分标准与规则（每条标准满分 3 分，请根据真实表现取整数打分，重在弄清得分依据、扣分理由以及如何改进）	
G. 表达与交流	G1.小组合作：用文字、图表等方式，就探究过程、结果与反思，制作一个交流展示板	小组合作制作展板	□ 展板内容应包括：主题；提出的科学问题；得出的结论等要素；反思等 □ 展板结构化、清晰地呈现科学探究过程的六个要素，突出科学思想方法 □ 展板简洁、美观 □ 善于与同伴合作，既能尊重合作者，也能坚持自己的原则	前置量表
	G2.小组之间，相互随机抽取组员进行解说交流	交流	□ 能简要、清晰、有逻辑地表达展板内容 □ 能倾听和尊重他人提出的不同观点，并交换意见	前置量表

2.12 影响物体质量大小的因素

表现性评价任务	PTA 检核量表		应用范式建议
	评价指标	评分标准与规则 （每条标准满分 3 分,请根据真实表现取整数打分,重在弄清得分依据、扣分理由以及如何改进）	
A. 根据观察到的现象,提出可探究的科学问题 （现场展示:展示一块看起来质量较大的大塑料块和质量较小的小石头,放在天平上称量,结果小石头的质量大）	提出问题	☐ 表述清晰,且是用带"?"的话语 ☐ 以观察到客观事实为基础 ☐ 指向认识与探索影响物体质量的因素 ☐ 问题结果暗含体积、种类等因素会影响物体质量 ☐ 提出其他有价值的科学问题	前置量表
B. 提出猜想与假设,并说明理由	提出猜想与假设	☐ 能够建立物体的质量与体积、种类存在关系 ☐ 提出的猜想是基于一定的生活经验,并给出与质量之间的关系 ☐ 陈述的理由要与提出的猜想与假设保持一致	后置量表

续表

表现性评价任务		PTA 检核量表		应用范式建议
	评价指标	评分标准与规则（每条标准满分3分，请根据真实表现取整数打分，重在弄清得分依据、扣分理由以及如何改进）		
C.制定探究方案	C1.根据所提供的实验材料，用简图画出实验方案，并简要说明实验步骤 实验材料：体积相同的立方体铜块、铁块和铝块；体积不同的2块同种材质的石块；天平等	设计实验方案	☐ 方案针对"探究物体的质量与哪些因素有关" ☐ 方案准确运用了控制变量等科学思想方法 ☐ 方案逻辑严密、结构完整 ☐ 方案具有可操作性	后置量表
	C2.设计实验数据记录表，并简要说明	设计实验数据记录表	☐ 绘制表格，表格中记录的变量应包括物体的质量、物体的体积、物体的种类 ☐ 表头横排为"物体的体积""物体的材料""物体的质量"，纵排为物体名称及编号	后置量表
D.实验操作，并记录实验数据 1.天平调平 2.分别称量相同体积的3块金属块（铜块、铁块、铝块）、2块石块的质量大小 3.记录数据 4.分析表格数据，得出结论		进行实验与获取数据	☐ 正确调平天平 ☐ 正确使用天平（如用镊子取用砝码、左物右码等） ☐ 数据记录真实、及时、完整 ☐ 能够关注与记录实验中的"意外"情况	前置量表
E.思考并回答如下问题： 1.分析表中数据，同种材料的物体，质量和体积之间有什么关系？ 2.同体积的不同种物体，质量和材料之间有什么关系？ 3.如果物体放在右盘，称量质量与实际质量相比如何？		分析与数理数据	☐ 回答正确，理由充分、科学 1.同种材料，体积越大，质量越大，质量和体积的比值相同 2.不同种材料，体积相同，质量不同，质量和体积的比值不同 3.若无游码移动，无影响；游码移动，偏小	后生量表

续表

表现性评价任务	PTA 检核量表		应用范式建议
	评价指标	评分标准与规则 （每条标准满分 3 分,请根据真实表现取整数打分,重在弄清得分依据、扣分理由以及如何改进）	
F.通过归纳、概括,写出你得到的结论,并评估结论的可靠性	得出结论并进行评估	□ 能够用自己的语言准确、严谨、概括地描述质量与体积、材料的关系 □ 有意识与提出的猜想与假设相联系,能注意到与预期结果不一致的现象,并做出合理解释 □ 除固体外,还可以探究液体的质量与液体的体积和种类的关系	后置量表
G. 表达与交流 G1.小组合作:用文字、图表等方式,就探究过程与结果,制作一个交流展示板	小组合作制作展板	□ 展板内容应包括:主题;提出的科学问题;得出的结论和评估等要素;反思等 □ 展板结构化、清晰地呈现科学探究六个要素,突出控制变量、转换等方法 □ 展板简洁、美观 □ 善于与同伴合作,既能尊重合作者,也能坚持自己的原则	前置量表
G2.小组之间,相互随机抽取组员就自己的展板进行交流	交流	□ 能简要、清晰、有逻辑地表达展板内容 □ 能倾听和尊重他人提出的不同观点,并交换意见	前置量表

2.13 物质吸热或放热的能力与物质的种类是否有关

表现性评价任务	PTA 检核量表		应用范式建议
	评价指标	评分标准与规则 (每条标准满分 3 分,请根据真实表现取整数打分,重在弄清得分依据、扣分理由以及如何改进)	
A.根据下图信息,提出值得探究的科学问题 (小金和小吴暑假时去海边游玩,中午他们走在沙滩上,感觉沙子很热,走进海水中,发现海水很凉快。傍晚他们发现沙子变凉了,海水却很温暖。针对以上现象,提出一个有意义的科学问题) 	提出问题	☐ 表述清晰,且是用带"?"的话语 ☐ 以图片中的客观事实为依据 ☐ 以指向认识和探索"物质吸热或放热的能力"为依据 ☐ 问题结果暗含物质吸热或放热的能力与物质种类有关系 ☐ 提出其他有价值的科学问题	后置量表
B.提出猜想与假设,并说明理由	提出假设与猜想	☐ 能够建立物质吸热或放热的能力与物质种类这一变量的关系 ☐ 陈述的理由基于观察到的现象、与"物质吸热或放热"有关的知识、生活经验 ☐ 陈述的理由要与提出的猜想与假设保持一致	后置量表

续表

表现性评价任务		PTA 检核量表		应用范式建议
		评价指标	评分标准与规则 （每条标准满分 3 分,请根据真实表现取整数打分,重在弄清得分依据、扣分理由以及如何改进）	
C. 制定探究方案	C1."动脑"和"动手"相结合:一边对 C2 给出的几个问题做系统思考,一边动手用简图画出实验方案,并简要说明实验步骤	设计实验方案	□ 方案针对"物质吸热或放热的能力与什么因素有关"或者"物质吸热或放热的能力与物质种类存在关系"等 □ 与方案准确运用了控制变量、转换等科学思想方法 □ 方案逻辑严密、结构完整 □ 方案具有可操作性 □ 方案具有一定的创新性,如使用相同功率的电炉作为热源,使用不锈钢杯作为容器	前生量表
	C2.思考并回答如下问题 1.联系之前比较物体运动快慢的方法,如何比较沙子和水吸热升温的快慢? 2.吸收热量的多少无法直接观察,怎么解决? 3.在探究时,应注意控制哪些变量?	实验设计思路	□ 回答正确,理由充分、科学 1.吸收相同的热量,比较升高的温度;升高相同的温度,比较吸收的热量 2.运用转换法,比较使用相同加热工具的加热时间 3.使水和沙子的质量相等、吸收热量相等(加热时间相同)等	前生量表
	C3.设计实验数据记录表	设计实验数据记录表	□ 表格中记录的变量,横排应包括"物质种类"和"质量""加热时间""初温""末温""升高温度",纵排包含"实验组别" □ 针对物质的种类,表格中应至少设计两种不同材料	后置量表

续表

表现性评价任务	PTA 检核量表		应用范式建议
	评价指标	评分标准与规则（每条标准满分 3 分,请根据真实表现取整数打分,重在弄清得分依据、扣分理由以及如何改进）	
D.实验操作,并记录实验数据 1.用天平称出 50 克的沙子,用量筒量取 50 毫升的水,分别装入相同烧杯中 2.组装装置 3.用两个规格相同的酒精灯分别给水和沙子加热,当温度达到 40℃ 时开始计时 4.分别记录水和沙子加热 3 分钟、5 分钟、7 分钟、9 分钟后的温度,并记录在表格中 时间(分) | 0 | 3 | 5 | 7 | 9 水的温度(℃) 沙子的温度(℃)	进行实验与获取数据	☐ 规范组装装置:从下至上安装器材 ☐ 正确称量和量取实验材料,注意天平和量筒的正确使用 ☐ 正确使用温度计,玻璃泡充分接触被测物体以及正确读数 ☐ 测量并比较水和沙子在加热相同时间情况下升高的温度 ☐ 数据记录真实、及时、完整 ☐ 能够关注和记录实验中的"意外"情况	前置量表
E.比较分析数据,写出你的发现	分析与论证	☐ 能够对获得的数据进行重新处理 ☐ 能够从不同的视角对数据(包括通常认为的无效数据)进行科学分析与解释	前置量表

82

续表

表现性评价任务	PTA 检核量表		应用范式建议
	评价指标	评分标准与规则 （每条标准满分 3 分,请根据真实表现取整数打分,重在弄清得分依据、扣分理由以及如何改进）	
F.通过归纳、概括,写出你得到的结论,并思考与讨论如下问题: 1.质量相等的沙子和水吸收相同热量,升高的温度却不相等,是什么原因? 2.结合前面的真实情景,小金和小吴暑假在海边发现的现象为何产生? 3.在实验中,测量水和沙子的温度时,实验误差较大,这是为什么?应如何改进? 4.酒精灯作为热源不稳定,使用时热量散失较多,可如何改进?	得出结论并进行评估	□ 能够用自己的语言准确、严谨、概括地描述物质吸收和放出热量与质量、种类等因素的关系 □ 有意识与提出的猜想与假设相联系,能注意到与预期结果不一致的现象,并做出解释 □ 除教材中的结论外,能有其他新的发现 □ 回答正确,理由充分、科学 1.水和沙子的吸热能力不同,吸收相同热量,升高的温度却不同 2.在相同光照条件下,沙滩和海水吸收热量相同,由于两者吸热能力不同,导致沙滩温度变化较大,海水的温度变化不明显 3.水和沙子的热传递方式不同,必须不断地搅拌使其受热均匀 4.使用相同功率的电热丝,或使用不锈钢杯作为容器	前置量表

续表

表现性评价任务		PTA 检核量表		应用范式建议
	评价指标	评分标准与规则（每条标准满分3分，请根据真实表现取整数打分，重在弄清得分依据、扣分理由以及如何改进）	
G. 表达与交流	G1.小组合作：用文字、图表等方式，就探究过程与结果，制作一个交流展示板	小组合作制作展板	□ 展板内容应包括：主题；科学探究提出的问题；提出的猜想和假设；设计出的实验方案；实验获取的证据；分析与论证；得出结论和评估；反思等 □ 展板结构化、清晰地呈现科学探究过程的六个要素，突出控制变量、转换等科学思想方法 □ 展板简介、美观 □ 善于与同伴合作，既能尊重合作者，也能坚持自己的原则	前置量表
	G2.小组之间，相互随机抽取组员就自己的展板进行解说交流	交流	□ 能简要、清晰、有逻辑地表达展板内容 □ 能倾听和尊重他人提出的不同观点，并交换意见	前置量表

2.14　晶体与非晶体熔化温度变化的特点

表现性评价任务	PTA 检核量表		应用范式建议
	评价指标	评分标准与规则 （每条标准满分 3 分，请根据真实表现取整数打分，重在弄清得分依据、扣分理由以及如何改进）	
A. 观看视频，提出可探究的科学问题 （视频信息：玻璃不具有延展性，却在熔化过程中可以被塑造成各种形状的艺术品，而冰在熔化过程中能始终保持坚硬状态，两者在熔化过程中温度变化的特点不同）	提出问题	☐ 表述清晰，且是用带"？"的话语 ☐ 以视频中的客观事实为基础 ☐ 指向晶体和非晶体熔化过程中温度的变化 ☐ 问题结果指向晶体和非晶体在熔化过程中温度变化情况的规律 ☐ 提出其他有价值的科学问题	前置量表
B. 提出猜想与假设，并说明理由	提出猜想与假设	☐ 能够猜出不同物质熔化过程中状态变化情况与温度有关 ☐ 陈述的理由是基于观察到的现象、与"温度的测量""熔化"等有关的知识和生活经验 ☐ 陈述的理由要与提出的猜想与假设保持一致	后置量表

续表

表现性评价任务	PTA 检核量表		应用范式建议
	评价指标	评分标准与规则（每条标准满分 3 分，请根据真实表现取整数打分，重在弄清得分依据、扣分理由以及如何改进）	
C. 制定探究方案 C1."动脑"和"动手"相结合：一边对 C2 给出的几个问题做系统思考，一边动手用简图画出实验方案，并简要说明实验步骤（材料：海波、松香、烧杯、试管、温度计、铁架台、铁夹、酒精灯、石棉网、铁圈、火柴）	设计实验方案	☐ 方案能体现海波、松香熔化过程中的状态和温度之间的关系，器材完整，方法具有可操作性 ☐ 方案准确运用了控制变量、观察、比较等科学方法 ☐ 方案中的加热方式合理 ☐ 温度测量、状态观察等实验操作简便，取材方便 ☐ 方案具有一定创新性，在如何使物质的温度不要过快升高、如何使物质受热均匀等方面提出自己的想法	前生量表
C2.思考并回答如下问题 1.实验研究的对象是什么？ 2.如何使物质受热均匀？ 3.如何防止物质的温度升高过快？ 4.此实验需记录哪些数据？数据如何记录比较合适？ 5.确认物质开始熔化的现象是什么？	实验设计思路	☐ 回答正确，理由充分、科学 1.海波与松香 2.使用水浴加热的方法 3.用两支温度计，一支观察物质的温度变化，一支观察烧杯中水温的变化，并将水温控制在 55～60℃左右 4.温度、时间，用表格和函数图像记录 5.物质的状态开始变化，如以海波部分变成液态为开始	前生量表
C3.设计实验数据记录表，并简要说明	设计实验数据记录表	☐ 表格记录"随着时间的变化，温度如何变化" ☐ 测量温度的时间间隔应合理 ☐ 表格中应主要设计时间和温度的记录，其中"时间"一栏应把具体的时间间隔填好，"温度"一栏应空着，在实验时根据实际情况填写	后置量表

表现性评价任务	PTA 检核量表		应用范式建议
	评价指标	评分标准与规则（每条标准满分 3 分,请根据真实表现取整数打分,重在弄清得分依据、扣分理由以及如何改进）	
D. 实验操作,并记录实验数据 1. 如图所示,把装有海波的试管放在盛水的烧杯里 2. 缓慢加热,观察海波状态的变化。温度升到 40℃后,每隔 0.5 分钟记录一次温度;在海波完全熔化后再记录 4～5 次 3. 改用松香做实验,重复上述实验	进行实验与获取数据	□ 实验操作规范 1. 装有海波的试管放在盛水的烧杯里,缓慢水浴加热,观察海波状态的变化 2. 改用松香做实验,重复上述实验 3. 不停搅拌,控制试管内外的温度差为 5～10℃ □ 能够科学地进行一系列观察、比较和测量绘制曲线图:横纵坐标有科学量标注且单位长度合适;描点精确,连线平滑 □ 数据记录真实、及时、完整 1. 待温度升到 40℃后,每隔 0.5 分钟记录一次温度 2. 在海波完全熔化后再记录 4～5 次 3. 读试管内温度计的示数以及观察状态 4. 记录试管内的温度和状态 □ 能够关注与记录实验中的"意外"情况	前置量表
E. 运用适当方法进行数据分析 1. 分析表格中的数据,看晶体熔化中温度变化有什么特点 2. 采用图像法,根据上表中的数据,在坐标图上画出晶体熔化时,温度随时间变化的图像,并归纳概括晶体熔化中温度变化有什么规律	分析与论证	□ 明确纵轴、横轴所表示的科学意义 □ 画出各组数据对应点 □ 将各点平滑地连接起来 □ 归纳概括"平滑连线"反映出的科学规律	后置量表

续表

表现性评价任务		评价指标	评分标准与规则（每条标准满分3分，请根据真实表现取整数打分，重在弄清得分依据、扣分理由以及如何改进）	应用范式建议
			PTA 检核量表	
F.通过归纳、概括，写出你得到的结论，并分析讨论实验中的误差以及如何减少误差		得出结论并进行评估	☐ 能够用自己语言正确描述晶体与非晶体熔化时温度随时间的变化情况 ☐ 有意识与"物质的状态、物质的温度、吸热"相联系，能注意到与预期结果不一致的现象，并做出合理解释 ☐ 除教材中结论之外，能有其他的新发现 ☐ 误差分析：难以定时精准定点读数；随水温升高、散热速率变化，温度图像并不是严格呈直线上升的等	前置量表
G.表达与交流	G1.小组合作：用文字、图表等方式，就探究过程、结果与反思，制作一个交流展示板	小组合作制作展板	☐ 展板内容应包括：主题；科学探究提出的科学问题；提出的猜想与假设；得出的结论和评估等要素；反思等 ☐ 展板结构化、清晰地呈现科学探究过程的六个要素，突出控制变量、转换等科学思想方法 ☐ 展板简洁、美观 ☐ 善于与同伴合作，既能尊重合作者，也能坚持自己的原则	前置量表
	G2.小组之间，相互随机抽取组员就自己的展板进行解说交流	交流	☐ 能简要、清晰、有逻辑地表达展板内容 ☐ 能倾听和尊重他人提出的不同观点，并交换意见	前置量表

2.15　水内部压强跟什么因素有关

表现性评价任务	PTA 检核量表		应用范式建议
	评价指标	评分标准与规则（每条标准满分 3 分,请根据真实表现取整数打分,重在弄清得分依据、扣分理由以及如何改进）	
A. 观看演示实验,提出可探究的科学问题 （演示实验内容聚焦:一个瓶子侧面开了高低不同、方向不同的 4 个孔,其中 O_1、O_2 等高、不同朝向,O_3、O_4 等高、不同朝向,O_1、O_3 同朝向、不等高,O_2、O_4 同朝向不等高。从 4 个孔喷射出来的水柱的远近不同） 	提出问题	□ 表述清晰,且是用带"?"的话语 □ 以演示实验的内容为基础 □ 指向认识水柱喷射远近与水的压强大小之间的关系 □ 问题结果暗含水内部压强大小与水的深度有一定关系 □ 提出其他有价值的科学问题	后置量表
B. 提出猜想与假设,并说明理由	提出猜想与假设	□ 能够猜出水的深度等因素会影响水的内部压强 □ 能够建立水的内部压强大小与水的深度、方向等变量之间的关系 □ 陈述的理由是基于观察到的现象、与"液体压强"有关的知识和生活经验 □ 陈述的理由要与提出的猜想与假设保持一致	后置量表

续表

表现性评价任务	PTA 检核量表		应用范式建议
	评价指标	评分标准与规则 (每条标准满分 3 分,请根据真实表现取整数打分,重在弄清得分依据、扣分理由以及如何改进)	
C.制定探究方案	C1."动脑"和"动手"相结合:一边对 C2 给出的几个问题做系统思考,一边动手用简图画出实验方案,并简要说明实验步骤	设计实验方案	☐ 方案针对"水内部压强大小跟什么因素有关"等 ☐ 方案准确运用了控制变量、转换等科学思想方法 ☐ 方案中体现压强计的使用 ☐ 方案逻辑严密、结构完整 ☐ 方案具有可操作性 ☐ 方案具有一定创新性,如提出其他定性比较水的压强大小的方法	后置量表
	C2.思考并回答如下问题 1.实验研究的对象是什么? 2.如何改变深度? 3.如何改变方向? 4.如何判断压强大小?运用哪种科学方法? 5.比较不同深度水的压强,需控制什么因素相同? 6.比较不同方向水的压强,需控制什么因素相同? 7.怎样进行控制?	实验设计思路	☐ 回答正确,理由充分、科学 1.水 2.将橡皮膜移动至水中不同的深度 3.将橡皮膜旋转至不同方向 4.通过 U 形管两端的液面高度差来判断;转换法 5.橡皮膜在水中的方向 6.橡皮膜在水中的深度 7.操作上要用到刻度尺确定深度,改变橡皮膜方向;保持橡皮膜始终朝同一方向,改变橡皮膜的深度	后置量表
	C3.设计实验数据记录表	设计实验数据记录表	☐ 表格中记录的内容为橡皮膜中心所处水的深度、橡皮膜的朝向、U 形管液面的高度差等 ☐ 针对不同深度,表格中应至少设计三种不同深度 ☐ 针对不同方向,表格中应至少设计向上、向下、向侧面三个不同方向 ☐ 表头采用纵排为"橡皮膜中心所处的深度""橡皮膜的朝向""U 形管液面的高度差",横排为"实验序号"(控制变量法,同一深度要有不同朝向,相同朝向要有不同深度)	后置量表

表现性评价任务	PTA 检核量表		应用范式建议
	评价指标	评分标准与规则 （每条标准满分 3 分，请根据真实表现取整数打分，重在弄清得分依据、扣分理由以及如何改进）	
D.实验操作，并记录实验数据 1.安装并检查压强计的气密性 2.在水槽中装满水，用刻度尺量出某一深度并标记，保持橡皮膜中心在这一深度后，改变橡皮膜朝向，观察并记录 U 形管液面的高度差 3.在水槽中装满水，用刻度尺量出不同深度，将橡皮膜朝相同方向放置在不同深度，观察并记录 U 形管液面的高度差 	进行实验与获取数据	□ 能正确检查压强计的气密性，规范使用压强计 □ 能熟练改变金属盒朝向 □ 能够科学地观察和记录 U 形管液面的高度差 □ 数据记录真实、及时、完整 □ 能够关注与记录实验中的"意外"情况	前置量表

序号	1	2	3	4	5	6	7	8	9
深度（厘米）									
橡皮膜朝向									
U 形管液面高度差（厘米）									

续表

表现性评价任务		PTA 检核量表		应用范式建议
	评价指标	评分标准与规则（每条标准满分 3 分,请根据真实表现取整数打分,重在弄清得分依据、扣分理由以及如何改进）		
E. 比较分析数据,写出你的发现	分析与论证	□ 能够对获得的数据进行重新处理 □ 能够从不同的视角对数据(包括通常认为的无效数据)进行科学分析与解释		前置量表
F. 通过归纳、概括,写出你得到的结论,并分析讨论实验中的误差以及误差产生的原因	得出结论并进行评估	□ 能够正确描述不同深度、不同方向、水的压强等变量之间的关系 □ 有意识与提出的猜想与假设相联系,能注意到与预期结果不一致的现象,并做出合理解释 □ 能够合理分析实验误差,如难以保证橡皮膜中心完全在同一高度等 □ 除教材中结论之外,有其他的新发现		后置量表
G. 表达与交流	G1. 小组合作:用文字、图表等方式,就探究过程、结果与反思,制作一个交流展示板	小组合作制作展板	□ 展板内容应包括:主题"水内部压强与什么因素有关";科学探究中提出的科学问题;提出的猜想与假设;得出的结论和评估等要素;反思等 □ 展板结构化、清晰地呈现科学探究过程的六个要素,突出控制变量、转换等科学思想方法 □ 展板简洁、美观 □ 善于与同伴合作,既能尊重合作者,也能坚持自己的原则	前置量表
	G2. 小组之间,相互随机抽取组员就自己的展板进行解说交流	交流	□ 能简要、清晰、有逻辑地表达展板内容 □ 能倾听和尊重他人提出的不同观点,并交换意见	前置量表

2.16　影响浮力大小的因素

表现性评价任务	PTA 检核量表		应用范式建议
	评价指标	评分标准与规则（每条标准满分 3 分,请根据真实表现取整数打分,重在弄清得分依据、扣分理由以及如何改进）	
A.通过体验活动和观看视频,提出可探究的科学问题 (体验活动:用手把空的矿泉水瓶往一盆水里压,体验下压过程中的浮力大小;视频播放:游泳池中的人沉下去与人躺在死海上的影片做对比)	提出问题	☐ 表述清晰,且是用带"?"的话语 ☐ 以体验活动的客观事实"下压过程中浮力逐渐增大"为基础 ☐ 以视频中的客观事实"游泳池中的人沉下去与人躺在死海中不会沉下去对比,说明不同的液体对同一物体产生的浮力大小不同"为基础 ☐ 指向"往下压空瓶时感受到浮力变大"与"相同的物体在不同的液体中受到的浮力大小不同"的现象 ☐ 问题结果暗含浮力大小与排开水的体积、浸入的深度、浸入液体的密度有一定关系 ☐ 提出其他有价值的科学问题	后置量表

续表

表现性评价任务		PTA 检核量表		应用范式建议
		评价指标	评分标准与规则 （每条标准满分 3 分,请根据真实表现取整数打分,重在弄清得分依据、扣分理由以及如何改进）	
B. 提出猜想与假设,并说明理由		提出猜想与假设	☐ 能够猜出影响浮力的大小因素有排开水的体积、液体密度、浸入水的深度等 ☐ 能够建立浮力大小与"排开水的体积、液体密度、浸入水的深度"等变量之间的关系 ☐ 陈述的理由是基于观察到的现象、与浮力有关的知识和生活经验 ☐ 陈述的理由要与提出的猜想与假设保持一致	后置量表
C.制定探究方案	C1."动脑"和"动手"相结合:一边对 C2 给出的几个问题做系统思考,一边动手用简图画出实验方案,并简要说明实验步骤	设计实验方案	☐ 方案针对浮力大小与排开水的体积、液体密度等变量之间的关系 ☐ 方案准确运用了控制变量、转换法等科学思想方法 ☐ 方案逻辑严密、结构完整 ☐ 方案具有可操作性 ☐ 方案具有一定创新性,如:如何对密度比水小的物体设计实验	后生量表
	C2.思考并回答如下问题: 1.如何测出浮力的大小? 2.如何知道物体排开液体的体积是多少? 3.如何控制变量?	实验设计思路	☐ 回答正确,理由充分、科学 1.通过称重法:将物体悬挂于弹簧测力计上,然后浸入液体,读出示数,浮力大小为前后两次示数差 2.排水法:柱体;易于实验操作 3.排开液体的体积相同,换用不同的液体;液体密度相同,改变排开液体体积	后生量表

表现性评价任务		评价指标	PTA 检核量表	应用范式建议
			评分标准与规则 （每条标准满分 3 分，请根据真实表现取整数打分，重在弄清得分依据、扣分理由以及如何改进）	
C. 制定探究方案	C3. 设计实验数据记录表，并简要说明	设计实验数据记录表	**表格 1** 	序号	物体排开液体的体积 V（立方厘米）	重力 G（牛）	弹簧测力计示数 F（牛）	浮力 $F_测$（牛）
1				
2				
3				| **表格 2** | 序号	液体种类	重力 G（牛）	弹簧测力计示数 F（牛）	浮力 $F_测$（牛）
1				
2				
3					 □ 表格 1 中记录的变量为物体排开液体的体积、物体所受重力、物体排开液体时弹簧测力计示数、物体所受浮力等 □ 表格 2 中记录的变量为液体种类（液体密度）、物体所受重力、物体浸入液体中时弹簧测力计示数、物体所受浮力等 □ 需要多次实验，表格 1 与表格 2 均需记录多组数据 □ 表格呈现简洁、清晰，如横排为各待测变量，竖排为实验序号；表格 2 还需单独记录控制变量物体浸入液体的体积	后置量表

续表

表现性评价任务	PTA 检核量表		应用范式建议
	评价指标	评分标准与规则 （每条标准满分 3 分，请根据真实表现取整数打分，重在弄清得分依据、扣分理由以及如何改进）	
D.实验操作，并记录实验数据 1.保证液体密度相同，改变物体排开液体的体积（至少二次），观察弹簧测力计的示数 2.保证物体浸入液体中的体积相同，选用不同的液体（至少三种不同液体），观察弹簧测力计的示数 序号 / 物体排开液体的体积 V（立方厘米） / 重力 G（牛） / 弹簧测力计示数 F（牛） 1 2 3	进行实验与获取数据	☐ 规范使用称重法测量浮力 ☐ 能够科学地测量并正确读出物体浸入液体前后的弹簧测力计示数 ☐ 数据记录真实、及时、完整 ☐ 能够关注与记录实验中的"意外"情况	前置量表

表现性评价任务	PTA 检核量表		应用范式建议
	评价指标	评分标准与规则（每条标准满分3分，请根据真实表现取整数打分，重在弄清得分依据、扣分理由以及如何改进）	
E. 比较分析数据 1. 分析物体在浸入同一液体中时，物体所受浮力与物体排开液体体积之间存在怎样的关系 2. 分析在物体排开液体体积保持一致的情况下，物体所受浮力与液体密度之间存在怎样的关系	分析与论证	☐ 明确两个表格中各数据表示的科学意义 ☐ 能够分别通过两张表格的数据，归纳出与之匹配的科学解释	后置量表
F. 通过归纳、概括，写出你得到的结论，并分析讨论实验中数据相近的原因	得出结论并进行评估	☐ 结论能够准确、严谨、概括地描述浮力与液体密度、物体排开液体的体积之间的关系 ☐ 有意识与"浮力与液体密度、物体排开液体的体积的关系"相联系，能注意到与预期结果不一致的现象，并做出合理解释 ☐ 除教材中结论之外，能有其他的新发现 ☐ 实验中数据相近，原因在于弹簧测力计的测量误差、物体浸入液体中的体积变化量太小、不同液体之间的密度接近	后置量表

续表

表现性评价任务		PTA 检核量表		应用范式建议
		评价指标	评分标准与规则（每条标准满分 3 分，请根据真实表现取整数打分，重在弄清得分依据、扣分理由以及如何改进）	
G.表达与交流	G1.小组合作：用文字、图表等方式，就探究过程、结果与反思，制作一个交流展示板	小组合作制作展板	□ 展板内容应包括：主题；科学探究各要素；反思等 □ 展板结构化、清晰地呈现科学探究过程的六个要素，突出控制变量等科学思想方法 □ 展板简洁、美观 □ 善于与同伴合作，既能尊重合作者，也能坚持自己的原则	前置量表
	G2.小组之间，相互随机抽取组员就自己的展板进行解说交流	交流	□ 能简要、清晰、有逻辑地表达展板内容 □ 能倾听和尊重他人提出的不同观点，并交换意见	前置量表

2.17　气体的压强与流速的关系

表现性评价任务	PTA 检核量表		应用范式建议
	评价指标	评分标准与规则（每条标准满分 3 分,请根据真实表现取整数打分,重在弄清得分依据、扣分理由以及如何改进）	
A. 观察演示实验,提出可探究的科学问题 (演示实验:纸条放在嘴唇底下,沿纸条上表面吹气,纸条向上飘起)	提出问题	☐ 表述清晰,且是用带"?"的话语 ☐ 以演示实验及其现象为基础 ☐ 指向认识与探索纸条飘起的现象 ☐ 问题结果暗含纸条飘起的现象与纸条上表面气体流速变化有一定关系 ☐ 提出其他有价值的科学问题	后置量表
B. 提出猜想与假设,并说明理由	提出猜想与假设	☐ 能够指出气体流速这一因素 ☐ 能够建立气体的压强、气体流速等变量之间的关系 ☐ 陈述的理由是基于观察到的现象、与"气压与流速"有关的知识和生活经验 ☐ 陈述的理由要与提出的猜想与假设保持一致	后置量表

续表

表现性评价任务		PTA 检核量表		应用范式建议
	评价指标	评分标准与规则（每条标准满分 3 分，请根据真实表现取整数打分，重在弄清得分依据、扣分理由以及如何改进）		
C. 制定探究方案	C1."动脑"和"动手"相结合：一边对 C2 给出的几个问题做系统思考，一边动手用简图画出实验方案，并简要说明实验步骤 器材如下：简易气泵、U 形管（装有红墨水）、管径不同的气管（带气门芯）、硬质管	设计实验方案	□ 方案针对"气压大小与气体流动速度有什么关系" □ 方案准确运用了控制变量法、转换法等科学思想方法 □ 方案逻辑严密、结构完整 □ 方案具有可操作性 □ 方案具有一定创新性，如对体现气压高低、有效改变流速变量等方面提出自己的想法	前生量表
	C2. 思考并回答如下问题 1. 实验研究的对象是什么？ 2. 如何改变气体流速的大小？ 3. 如何比较气压的大小？该运用什么科学方法？ 4. 为了科学比较 U 形管中液面的高度差，还要控制什么因素？	实验设计思路	□ 回答正确，理由充分、科学 1. 塑料导管 2. 选用管径不同的气管 3. U 形管中液面高度差；转换法 4. 使用同一个气泵，U 形管初始左右液面高度相同	前生量表
	C3. 设计实验数据记录表	设计实验数据记录表	□ 表格中记录的变量为管径大小、实验前后 U 形管液面高度差等 □ 针对管径大小和 U 形管液面高度，表格中应至少设计 3 种管径，并分别测量 3 次 □ 表头横排为"序号"，竖排为"管径大小"（流速大小）、"液面高度差"（气压大小）	后置量表

表现性评价任务	PTA 检核量表		应用范式建议
	评价指标	评分标准与规则 （每条标准满分 3 分,请根据真实表现取整数打分,重在弄清得分依据、扣分理由以及如何改进）	
D. 实验操作,并记录实验数据 1. 在水平桌面上固定好装有红墨水的 U 形管,U 形管一端用橡皮管与塑料导管上的气管口连接,并使 U 形管内的液面持平,如图所示 2. 闭合气泵开关,待液面稳定,观察 U 形管内液面高度差,将结果记录在表中,并重复实验 3. 更换不同管径的塑料导管,重复上述实验	进行实验与获取数据	□ 规范组装实验装置 □ 调整实验前 U 形管内液面至等高 □ 能够科学地测量 U 形管内液面高度差的变化情况等 □ 数据记录真实、及时、完整 □ 能够关注与记录实验中的"意外"情况	前置量表

	1	2	3	4	5	6	7	8	9
管径大小 （流速大小）									
液面高度差 （气压大小）									

101

续表

表现性评价任务		PTA 检核量表		应用范式建议
	评价指标	评分标准与规则 （每条标准满分 3 分，请根据真实表现取整数打分，重在弄清得分依据、扣分理由以及如何改进）		
E. 比较分析数据	分析与论证	□ 能够对获得的数据进行重新处理 □ 能够从不同的视角对数据（包括通常认为的无效数据）进行科学分析与解释		后生量表
F. 通过归纳、概括，写出你得到的结论，并分析讨论实验的误差以及如何减少误差	得出结论并进行评估	□ 能够用自己语言准确、严谨、概括地描述气体流速变化与气压变化之间的关系 □ 有意识与提出的猜想与假设相联系，能注意到与预期结果不一致的现象，并做出合理解释 □ 能够合理分析实验误差，如装置气密性等，正确区分误差与错误 □ 除教材中结论之外，能有其他的新发现		后置量表
G. 表达与交流	G1. 小组合作：用文字、图表等方式，就探究过程、结果与反思，制作一个交流展示板	小组合作制作展板	□ 展板内容应包括：主题；科学探究提出的科学问题；提出的猜想与假设；得出的结论和评估等要素；反思等 □ 展板结构化、清晰地呈现科学探究过程的六个要素，突出控制变量、转换等科学思想方法 □ 展板简洁、美观 □ 善于与同伴合作，既能尊重合作者，也能坚持自己的原则	前置量表
	G2. 小组之间，相互随机抽取组员就自己的展板进行解说交流	交流	□ 能简要、清晰、有逻辑地表达展板内容 □ 能倾听和尊重他人提出的不同观点，并交换意见	前置量表

2.18　气压对液体沸点的影响

表现性评价任务	PTA 检核量表		应用范式建议
	评价指标	评分标准与规则 （每条标准满分 3 分,请根据真实表现取整数打分,重在弄清得分依据、扣分理由以及如何改进）	
A. 阅读材料,提出可探究的科学问题 （材料内容聚焦:海拔高的高原地区煮饭容易夹生;而使用高压锅后,米饭就不会夹生。家里用高压锅可以将食物煮得更烂）	提出问题	□ 表述清晰,且是用带"?"的话语 □ 以阅读材料和生活中的客观事实为基础 □ 指向气压改变后,液体沸点的变化 □ 问题结果暗含液体沸点高低与气压大小有一定关系 □ 提出其他有价值的科学问题	后置量表
B. 提出猜想与假设,并说明理由	提出猜想与假设	□ 能够建立液体沸点高低与气压大小的关系 □ 陈述的理由是基于观察到的现象（高压锅等）、现实生活中的体验 □ 陈述的理由要与提出的猜想与假设保持一致	后置量表

续表

表现性评价任务		PTA 检核量表		应用范式建议
		评价指标	评分标准与规则（每条标准满分 3 分，请根据真实表现取整数打分，重在弄清得分依据、扣分理由以及如何改进）	
C.制定探究方案	C1."动脑"和"动手"相结合：一边对 C2 给出的几个问题做系统思考，一边动手设计实验方案，并简要说明实验步骤	设计实验方案	□ 方案针对"沸点与气压大小有什么关系"或者"气压越大，液体沸点越高"等 □ 方案准确运用了对照法的实验方法 □ 方案逻辑严密、结构完整 □ 方案具有可操作性 □ 方案具有一定创新性，如在实验中插入温度计可以测得水沸腾的不同温度，采用抽气和浇冷水等方法减小压强	前生量表
	C2.思考并回答如下问题 1.如何增大气压？ 2.如何减小气压？该操作前要注意什么？ 3.一开始，如何控制烧瓶内气压为常压？	实验设计思路	□ 回答正确，理由充分、科学 1.对烧瓶打气 2.对烧瓶抽气；抽气前先熄灭酒精灯 3.保证烧瓶内的水与外界大气相通（如插导气管等）	前生量表
	C3.设计实验数据记录表	设计实验数据记录表	□ 表格中记录的内容为是否沸腾和气压大小 □ 表头横排为"实验次数""操作""现象""结论"，纵排为序号	后置量表

表现性评价任务	PTA 检核量表		应用范式建议
	评价指标	评分标准与规则 （每条标准满分 3 分，请根据真实表现取整数打分，重在弄清得分依据、扣分理由以及如何改进）	
D. 实验操作，并记录实验数据 1. 连接实验装置 2. 点燃酒精灯给水加热，使水沸腾 3. 在常压下，记录水沸腾时的温度 4. 插入并向内压活塞，增大气压。观察并记录烧瓶内水的变化 5. 熄灭酒精灯，观察到水停止沸腾。等水温下降到设定温度，缓慢抽气，观察现象 实验次数 | 操作 | 现象 | 结论 1 2 3	进行实验与获取数据	☐ 事先取下针筒上的活塞，保证瓶内为一个大气压。温度计玻璃泡完全浸入水中 ☐ 事先准备好热水，以减少加热时间 ☐ 严格按照实验装置的连接方式，从下到上，从左到右 ☐ 数据记录真实、及时、完整 ☐ 先完成加压的操作，再完成减压的操作 ☐ 能够关注与记录实验中的"意外"情况	前置量表
E. 比较分析数据，写出你的发现	分析与论证	☐ 能够对获得的数据进行重新处理 ☐ 能够从不同的视角对数据（包括通常认为的无效数据）进行科学分析与解释	后置量表

105

续表

表现性评价任务		PTA 检核量表		应用范式建议
	评价指标	评分标准与规则（每条标准满分 3 分，请根据真实表现取整数打分，重在弄清得分依据、扣分理由以及如何改进）		
F. 通过归纳、概括，写出你得到的结论，并评估结论的可靠性	得出结论并进行评估	□ 结论能够准确、严谨、概括地描述变量之间的关系 □ 有意识与提出的猜想与假设相对照，能注意到与预期结果不一致的现象，并做出合理解释 □ 能够合理分析实验误差，正确区分误差与错误 □ 除教材中的结论之外，力求能有其他的新发现		后置量表
G. 表达与交流	G1. 小组合作：用文字、图表等方式，就探究过程、结果与反思，制作一个交流展示板	小组合作制作展板	□ 展板内容应包括：主题；科学探究提出的科学问题；提出的猜想与假设；得出的结论和评估等要素；反思等 □ 展板结构化、清晰地呈现科学探究过程的六个要素，突出控制变量等科学思想方法 □ 展板简洁、美观 □ 善于与同伴合作，既能尊重合作者，也能坚持自己的原则	前置量表
	G2. 小组之间，相互随机抽取组员就自己的展板进行解说交流	交流	□ 能简要、清晰、有逻辑地表达展板内容 □ 能倾听和尊重他人提出的不同观点，并交换意见	前置量表

2.19　水沸腾的条件

表现性评价任务	PTA 检核量表		应用范式建议
	评价指标	评分标准与规则 (每条标准满分 3 分,请根据真实表现取整数打分,重在弄清得分依据、扣分理由以及如何改进)	
A. 观看视频,提出可探究的科学问题 (视频内容聚焦:用酒精灯加热烧杯中的水,直至沸腾,持续观察烧杯中的现象及温度计的示数)	提出问题	☐ 表述清晰,且是用带"?"的话语 ☐ 以视频中的客观事实为基础 ☐ 指向探索水沸腾的条件 ☐ 问题结果暗含水的沸腾需要达到一定的温度且继续吸热 ☐ 提出其他有价值的科学问题	后置量表
B. 提出猜想与假设,并说明理由	提出猜想与假设	☐ 能够猜出水沸腾需要达到沸点且继续吸热 ☐ 陈述的理由是基于观察到的现象、与"温度的测量"有关的知识和生活经验 ☐ 陈述的理由要与提出的猜想与假设保持一致	后置量表

续表

表现性评价任务		PTA 检核量表		应用范式建议
	评价指标	评分标准与规则（每条标准满分 3 分,请根据真实表现取整数打分,重在弄清得分依据、扣分理由以及如何改进）		
C.制定探究方案	C1."动脑"和"动手"相结合:一边对 C2 给出的几个问题做系统思考,一边动手用简图画出实验方案,并简要说明实验步骤	设计实验方案	□ 方案针对"水沸腾需要达到沸点""水沸腾需要继续吸热"等 □ 方案准确运用了对照法等科学思想方法 □ 方案逻辑严密、结构完整 □ 方案具有可操作性 □ 方案具有一定创新性,如对如何缩短加热时间等方面提出自己的想法	后置量表
	C2.思考并回答如下问题 1.实验研究的对象是什么? 2.如何缩短实验时间? 3.此实验需记录哪些数据?	实验设计思路	□ 回答正确,理由充分、科学 1.烧杯中的水 2.外焰加热、减小水量、提高初温、装防风板等 3.温度、烧杯中水的现象(有无气泡或气泡大小;温度—时间(图像/表格)	后置量表
	C3.设计实验数据记录表	设计实验数据记录表	□ 表格应记录烧杯中水的温度和现象等 □ 测量温度的时间间隔应相同(比如 1 分钟) □ 表头横排为"时间(分钟)",竖排为"温度(℃)""现象"	后置量表

表现性评价任务	PTA 检核量表		应用范式建议
	评价指标	评分标准与规则 (每条标准满分 3 分,请根据真实表现取整数打分,重在弄清得分依据、扣分理由以及如何改进)	
D.实验操作,并记录实验数据 1.按图装配实验装置 2.观察水沸腾的过程 　(1)点燃酒精灯,加热烧杯中的水,观察记录温度计的变化情况、气泡的出现和变化情况 　(2)当水温上升到一定(合适)温度时,每隔 1 分钟读取一次温度计示数,同时注意观察烧杯中水的现象,直到水沸腾 3 分钟后停止加热,观察现象 水沸腾图像	进行实验与获取数据	□ 规范组装实验装置 □ 正确使用酒精灯 □ 正确使用温度计 □ 能够科学地观察比较水沸腾前后的现象,记录并比较水沸腾前后的温度变化等 □ 数据记录真实、及时、完整 □ 能够关注与记录实验中的"意外"情况	前置量表

时间 /分钟	时间(分钟)							
	1	2	3	4	5	6	7	……
温度 (℃)								
现象								

续表

表现性评价任务	PTA 检核量表		应用范式建议
	评价指标	评分标准与规则 （每条标准满分 3 分，请根据真实表现取整数打分，重在弄清得分依据、扣分理由以及如何改进）	
E. 比较分析数据，分别采用表格法、图像法等，写出水沸腾需要哪些条件	分析与论证	☐ 能够对获得的数据进行重新处理或作图处理 ☐ 能够从不同的视角对数据（包括通常认为的无效数据）进行科学分析与解释	后置量表
F. 通过归纳、概括，写出你得到的结论，并思考与讨论如下问题： 1. 如果出现两组同学同时加热水，一组温度随时间上升快、一组温度随时间上升慢的情况，分析可能是什么原因造成的 2. 分析讨论实验中的误差（表格上的点并不呈直线上升等）以及如何减少误差 3. 确认水已沸腾的现象是什么？ 4. 如果持续加热但水一直未沸腾，分析可能是什么原因造成的 5. 如果水沸腾时的温度不是 100℃，分析可能是什么原因造成的	得出结论并进行评估	☐ 能够准确、严谨、概括地描述水沸腾前后的温度变化和现象变化，以及停止加热之后的现象，得出水沸腾的条件 ☐ 有意识与提出的猜想与假设相联系，能注意到与预期结果不一致的现象，例如实验时所绘制的图线与书本上的有区别，能分析原因，并做出合理解释 ☐ 除教材中结论之外，能有其他的新发现 ☐ 思考与讨论正确，理由充分、科学 1. 水质量的多少、酒精灯是否用外焰加热等 2. 有热量散失、温度计不精确、读数有误差等 3. 大量气泡从杯底产生且越来越大 4. 水吸热量小于放热量，如火焰不够大，容器传热能力强等 5. 温度计读取温度时人为误差或大气压不是标准大气压等	后置量表

续表

表现性评价任务		PTA 检核量表		应用范式建议
		评价指标	评分标准与规则（每条标准满分 3 分,请根据真实表现取整数打分,重在弄清得分依据、扣分理由以及如何改进）	
G. 表达与交流	G1. 小组合作:用文字、图表等方式,就探究过程、结果与反思,制作一个交流展示板	小组合作制作展板	☐ 展板内容应包括:主题;科学探究提出的科学问题;提出的猜想与假设;结论和评估等要素;反思等 ☐ 展板结构化、清晰地呈现科学探究过程的实验记录和数据,以及绘制液体沸腾过程中的温度—时间图像 ☐ 展板简洁、美观 ☐ 善于与同伴合作,既能尊重合作者,也能坚持自己的原则	前置量表
	G2. 小组之间,相互随机抽取组员就自己的展板进行解说交流	交流	☐ 能简要、清晰、有逻辑地表达展板内容 ☐ 能倾听和尊重他人提出的不同观点,并交换意见	前置量表

111

2.20 影响重力大小的因素

表现性评价任务	PTA 检核量表		应用范式建议
	评价指标	评分标准与规则（每条标准满分 3 分，请根据真实表现取整数打分，重在弄清得分依据、扣分理由以及如何改进）	
A.阅读材料，提出可探究的科学问题 （材料信息：物体的重力作为一个力，其大小可以直接用弹簧测力计测量。有时测量不同形状和大小的物体，弹簧测力计数相同；有时测量大小和形状等都相同的物体，弹簧测力计的示数则不同）	提出问题	☐ 表述清晰，且是用带"？"的话语 ☐ 以给定的材料为基础 ☐ 指向认识与探索重力与质量的关系 ☐ 问题结果暗含"重力大小与质量有一定关系" ☐ 提出其他有价值的科学问题	后置量表
B.提出猜想与假设，并说明理由	提出猜想与假设	☐ 能够猜出物体质量会影响物体重力 ☐ 能够建立重力大小与物体质量之间的关系 ☐ 陈述的理由是基于观察到的现象、与重力大小有关的知识和生活经验 ☐ 陈述的理由要与提出的猜想与假设保持一致	后置量表

续表

表现性评价任务		PTA 检核量表		应用范式建议
		评价指标	评分标准与规则（每条标准满分 3 分,请根据真实表现取整数打分,重在弄清得分依据、扣分理由以及如何改进）	
C.制定探究方案	C1."动脑"和"动手"相结合:一边对 C2 给出的几个问题做系统思考,一边动手用简图画出实验方案,并简要说明实验步骤	设计实验方案	☐ 方案针对"物体重力大小与物体质量有什么关系" ☐ 方案准确运用控制变量等科学思想方法 ☐ 方案逻辑严密、结构完整 ☐ 方案可操作性强,用弹簧测力计测重力,通过钩码个数直接计算质量 ☐ 方案具有一定创新性,如:能考虑到不同星球、纬度、高度等因素对重力大小的影响,并在控制变量中有所体现	后置量表
	C2.思考并回答如下问题 1.实验研究的对象是什么?为了排除偶然性,本实验从研究对象的角度可如何改进? 为什么? 2.如何均匀改变质量大小? 3.钩码重力通过什么工具测量? 4.本实验是否需要多次测量? 为什么?	实验设计思路	☐ 回答正确,理由充分、科学 1.钩码;选择不同形状、体积的物体,重复实验,排除形状和体积对实验的影响 2.改变钩码数量 3.弹簧测力计 4.需要;多次测量便于排除实验偶然性,得出普遍规律	后置量表
	C3.设计实验数据记录表并绘制坐标图,并简要说明	设计实验数据记录表	☐ 表格中记录的变量为钩码数、质量、重力等 ☐ 针对钩码数,表格中应至少设计三组记录数据 ☐ 表头采用竖排为"质量(千克)""重力(牛)""重力/质量(牛/千克)",横排为"钩码数(只)"(横排、竖排可交换)	后置量表

续表

表现性评价任务	PTA 检核量表		应用范式建议
	评价指标	评分标准与规则 （每条标准满分 3 分，请根据真实表现取整数打分，重在弄清得分依据、扣分理由以及如何改进）	
D. 实验操作，并记录实验数据 1. 选择合适的弹簧测力计、4 个质量均为 100 克的钩码 2. 用弹簧测力计测出 1 个钩码受到的重力，并将质量、重力记录于表格中，并计算出两者的比值 3. 用 2、3、4 个钩码重复上述实验步骤 2，并记录于表格中 记录表 | 钩码数（只）			
	1	2	3	4
质量（千克）				
重力（牛）				
重力/质量（牛/千克）						进行实验与获取数据	☐ 根据测量需求选择合适的弹簧测力计，使用前要来回拉动挂钩、调零 ☐ 能够正确读数，测量并记录不同质量钩码所受到的重力大小 ☐ 数据记录真实、及时、完整 ☐ 能够关注与记录实验中的"意外"情况，如在测量最大钩码数的重力时，超过了弹簧测力计的量程	前置量表
E. 比较分析数据，写出你的发现 1. 分析表格中数据，思考重力与质量有什么关系 2. 除了表格外，采用什么数据处理的方法更为直观、有效？	分析与论证	图像法分析数据更为直观 ☐ 明确纵轴、横轴所表示的科学量 ☐ 画出各组数据对应点 ☐ 将各点平滑地连接起来 ☐ 归纳概括"平滑连线"反映出的科学规律	后生量表

续表

表现性评价任务		PTA 检核量表		应用范式建议
		评价指标	评分标准与规则（每条标准满分 3 分，请根据真实表现取整数打分，重在弄清得分依据、扣分理由以及如何改进）	
F. 通过归纳、概括,写出你得到的结论,并分析实验误差及其产生的原因		得出结论并进行评估	□ 结论能够准确、严谨、概括地描述重力与质量之间的关系 □ 有意识与"重力与质量的关系"相联系,能注意到与预期结果不一致的现象,并做出合理解释 □ 除教材中结论之外,能有其他的新发现 □ 能够合理分析实验误差,正确区分误差与错误,处理数据时能将错误数据舍去	后置量表
G. 表达与交流	G1. 小组合作:用文字、图表等方式,就探究过程、结果与反思,制作一个交流展示板	小组合作制作展板	□ 展板内容应包括:主题;科学探究各要素;数据处理的图像;反思等 □ 展板结构化、清晰地呈现科学探究过程的六个要素,突出控制变量等科学思想方法 □ 展板简洁、美观 □ 善于与同伴合作,既能尊重合作者,也能坚持自己的原则	前置量表
	G2. 小组之间,相互随机抽取组员就自己的展板进行解说交流	交流	□ 能简要、清晰、有逻辑地表达展板内容 □ 能倾听和尊重他人提出的不同观点,并交换意见	前置量表

2.21 运动物体速度变小的快慢跟什么因素有关

表现性评价任务	PTA 检核量表		应用范式建议
	评价指标	评分标准与规则 （每条标准满分 3 分，请根据真实表现取整数打分，重在弄清得分依据、扣分理由以及如何改进）	
A. 观看视频，提出可探究的科学问题 （视频内容聚焦：同一辆小车以同样大小初始速度在不同的水平面上运动，其速度减小的快慢有所不同）	提出问题	☐ 表述清晰，且是用带"?"的话语 ☐ 以视频中的客观事实为基础 ☐ 指向认识与探索"小车速度减小快慢"现象 ☐ 问题结果暗含小车速度减小快慢与所受阻力有一定关系 ☐ 提出其他有价值的科学问题	后置量表
B. 提出猜想与假设，并说明理由	提出猜想与假设	☐ 能够猜出水平面粗糙程度会影响小车速度减小快慢 ☐ 能够建立小车速度变小与水平面粗糙程度等变量之间的关系 ☐ 陈述的理由是基于观察到的现象、与"运动与力"有关的知识和生活经验 ☐ 陈述的理由要与提出的猜想与假设保持一致	后置量表

续表

表现性评价任务		PTA 检核量表		应用范式建议
		评价指标	评分标准与规则（每条标准满分 3 分，请根据真实表现取整数打分，重在弄清得分依据、扣分理由以及如何改进）	
C.制定探究方案	C1."动脑"和"动手"相结合：一边对 C2 给出的几个问题做系统思考，一边动手用简图画出实验方案，并简要说明实验步骤	设计实验方案	□ 方案针对"运动物体速度变小的快慢跟什么因素有关"或者"运动物体速度变小的快慢与水平面粗糙程度有什么关系"等 □ 方案准确运用了控制变量、转换等科学思想方法 □ 方案逻辑严密、结构完整 □ 方案具有可操作性 □ 方案具有一定创新性，如对如何控制物体的初始速度相同、斜面与水平面连接处该怎么处理等方面提出自己的想法	前生量表
	C2.思考并回答如下问题： 1.实验研究的对象是什么？ 2.如何改变阻力的大小？ 3.根据什么来判断小车速度减小的快慢？这里运用了什么科学方法？ 4.为了比较小车在不同材料的水平面上继续运动的距离，还要控制什么因素相同？ 5.怎样进行控制？	实验设计思路	□ 回答正确，理由充分、科学 1.小车 2.水平面铺不同的材料 3.小车在不同材料的水平面上继续运动的距离；转换法 4.应使小车在不同材料的水平面上的初始速度相同 5.让小车从斜面上的同一位置自由滑下	前生量表
	C3.设计实验数据记录表，并简要说明	设计实验数据记录表	□ 表格中记录的变量为水平面的材料、小车受到的阻力、小车运动的距离等 □ 表格中应至少包含三种水平面的材料 □ 表头横排为"小车受到的阻力（大、较大、小）""小车运动的距离（大、较大、小）"，竖排为"水平面的材料"	后置量表

续表

表现性评价任务	PTA 检核量表		应用范式建议
	评价指标	评分标准与规则 （每条标准满分 3 分，请根据真实表现取整数打分，重在弄清得分依据、扣分理由以及如何改进）	
D. 实验操作，并记录实验数据 1. 在水平木板上分别铺上棉布和丝绸，如图中甲和乙，让小车从斜面的顶端由静止开始滑下，观察小车在水平面上运动的距离，并将结果记录在表中 2. 水平木板上不铺任何材料，如图中的丙，重复上述实验 甲　　乙　　丙 记录表 水平面的材料 / 小车受到不同材料表面的阻力（大、较大、小）/ 小车在斜面运动的距离（大、较大、小） 棉布 丝绸 木板	进行实验与获取数据	□ 规范组装斜面实验装置，铺平水平面材料，保持在相同位置释放小车等 □ 能够科学地观察小车运动情况，比较在不同材料的水平面上受到的阻力并测量小车在水平面上运动的距离 □ 数据记录真实、及时、完整 □ 能够关注与记录实验中的"意外"情况	前置量表
E. 思考并回答如下问题： 1. 比较不同材料的水平面上小车运动的距离、小车速度减小的快慢与小车受到的阻力之间的关系 2. 分析讨论实验中的误差以及如何减小误差	分析与论证	□ 回答正确，理由充分、科学 1. 水平面越粗糙，小车受到的阻力越大，小车运动的距离越小，小车速度减小得越快 2. 难以完全控制相同初始速度、斜面与水平面连接处不够平缓等	后生量表

续表

表现性评价任务		PTA 检核量表		应用范式建议
		评价指标	评分标准与规则（每条标准满分 3 分,请根据真实表现取整数打分,重在弄清得分依据、扣分理由以及如何改进）	
F.通过归纳、概括,写出你得到的结论,并评估结论的可靠性		得出结论并进行评估	☐ 能够正确描述不同材料的水平面、小车运动时所受的阻力、运动的距离、速度减小的快慢等变量之间的关系 ☐ 有意识与提出的猜想与假设相联系,能注意到与预期结果不一致的现象,并做出合理解释 ☐ 除教材中结论之外,能有其他的新发现	后置量表
G.表达与交流	G1.小组合作:用文字、图表等方式,就探究过程、结果与反思,制作一个交流展示板	小组合作制作展板	☐ 展板内容应包括:主题;科学探究中提出的科学问题;提出的猜想与假设;得出的结论和评估等要素;反思等 ☐ 展板结构化、清晰地呈现科学探究过程的六个要素,突出控制变量、转换等科学思想方法 ☐ 展板简洁、美观 ☐ 善于与同伴合作,既能尊重合作者,也能坚持自己的原则	前置量表
	G2.小组之间,相互随机抽取组员就自己的展板进行解说交流	交流	☐ 能简要、清晰、有逻辑地表达展板内容 ☐ 能倾听和尊重他人提出的不同观点,并交换意见	前置量表

2.22　二力平衡的条件

表现性评价任务	PTA 检核量表		应用范式建议
	评价指标	评分标准与规则（每条标准满分 3 分，请根据真实表现取整数打分，重在弄清得分依据、扣分理由以及如何改进）	
A. 观看教师演示实验，提出可探究的科学问题（实验内容聚焦：手持弹簧测力计，下方挂一钩码，分别保持静止状态和向上加速状态，分析钩码在竖直方向的受力情况）	提出问题	□ 表述清晰，且是用带"？"的话语 □ 以演示实验中的客观事实为基础 □ 指向认识与探索物体处于不同运动状态的原因 □ 问题结果暗含物体处于平衡状态时与受力情况之间的关系 □ 提出其他有价值的科学问题	前置量表
B. 提出猜想与假设，并说明理由	提出猜想与假设	□ 能够猜出物体受两个力作用，处平衡状态时，两个力的大小、方向等关系 □ 陈述的理由是基于观察到的现象、与"运动与力"有关的知识和生活经验 □ 陈述的理由要与提出的猜想与假设保持一致	后置量表

续表

表现性评价任务		PTA 检核量表		应用范式建议
		评价指标	评分标准与规则 （每条标准满分 3 分,请根据真实表现取整数打分,重在弄清得分依据、扣分理由以及如何改进）	
C. 制定探究方案	C1."动脑"和"动手"相结合:一边对 C2 给出的几个问题的系统思考,一边动手用简图画出实验方案,并简要说明实验步骤	设计实验方案	☐ 方案针对某一物体的平衡状态以及受力大小、方向,是否在一直线上的关系 ☐ 方案准确运用了控制变量的科学思想方法 ☐ 方案逻辑严密、结构完整 ☐ 方案具有可操作性 ☐ 方案具有一定创新性,如实验物体的选择较多,可以是纸片、木块、小车等,对应的实验操作也不相同	前生量表
	C2.思考并回答如下问题: 1.实验应选择何种物体作为研究对象?请说明理由 2.如果选用木块做实验,有何不足之处? 3.如何改变两个力的大小、方向?它们是否在同一直线? 4.如何判断物体受力平衡?	实验设计思路	☐ 回答正确,理由充分、科学 1.轻质塑料板等等;塑料板重力极小,可忽略不计 2.木块重力较大,对实验有干扰 3.通过"改变两侧钩码的个数"改变力的大小,通过"两侧挂等重的钩码但将纸片稍向下移动"改变力的方向,通过"两侧挂等重钩码并将纸片扭转一个角度使两侧绳子平行"使两力不作用在一直线上 4.物体能够保持静止不动	前生量表
	C3.设计实验数据记录表	设计实验数据记录表	☐ 设计对应的表格,且变量分别指向力的方向、力的大小、是在同一直线、同一物体 ☐ 表格记录的因变量指向小纸片的运动状态 ☐ 表头横排为"力的方向""力的大小""力是否作用在一直线",竖排为"小纸片的运动状态"	后置量表

续表

表现性评价任务	PTA 检核量表		应用范式建议
	评价指标	评分标准与规则 （每条标准满分 3 分，请根据真实表现取整数打分，重在弄清得分依据、扣分理由以及如何改进）	
D. 实验操作，并记录实验数据 器材选择：塑料板、小木块、小车、细线、两侧固定有定滑轮的塑料板、钩码 1. 正确组装实验装置 2. 在两端悬挂数量相同/不同的钩码，静止释放手中的塑料板 3. 观察塑料板运动情况，并能科学、准确地描述塑料板的运动状态	进行实验与获取数据	☐ 成功组装实验装置 ☐ 选择合适的物体（塑料板），检查定滑轮的摩擦不要太大 ☐ 选择适宜的钩码数量（不要相差太大），塑料板应由静止释放 ☐ 能够准确说出释放后的塑料板的运动状态：保持静止/向左运动/向右运动 ☐ 数据记录真实、及时、完整 ☐ 能够关注与记录实验中的"意外"情况	前置量表
E. 比较分析数据，写出关于二力平衡的条件有哪些	分析与论证	☐ 能够对获得的数据进行重新处理 ☐ 能够从不同的视角对数据（包括通常认为的无效数据）进行科学分析与解释	后置量表
F. 通过归纳、概括，写出你得到的结论，并思考与讨论如下问题： 1. 可否使用小车完成这个实验？ 2. 分析讨论实验中的误差以及如何减少误差	得出结论并进行评估	☐ 能够准确、严谨、概括地描述二力平衡的条件 ☐ 有意识与提出的猜想与假设相联系，能注意到与预期结果不一致的现象，并做出合理解释 ☐ 除教材中结论之外，能有其他的新发现 ☐ 思考与讨论回答正确，理由充分、科学 1. 可以。但是需要注意车轮处轮轴的摩擦以及小车与桌面的摩擦 2. 定滑轮处会有摩擦，钩码数量稍多一些可以减小摩擦的影响	后置量表

续表

表现性评价任务		PTA 检核量表		应用范式建议
		评价指标	评分标准与规则 （每条标准满分 3 分,请根据真实表现取整数打分,重在弄清得分依据、扣分理由以及如何改进）	
G. 表达 与 交流	G1. 小组合作:用文字、图表等方式,就探究过程与结果,制作一个交流展示板	小组合作制作展板	□ 展板内容应包括:主题;科学探究中提出的科学问题;提出的猜想与假设;得出的结论和评估等要素;反思等 □ 展板结构化、清晰地呈现科学探究过程的六个要素,突出控制变量、转换等科学思想方法 □ 展板简洁、美观 □ 善于与同伴合作,既能尊重合作者,也能坚持自己的原则	前置量表
	G2. 小组之间,相互随机抽取组员就自己的展板进行解说交流	交流	□ 能简要、清晰、有逻辑地表达展板内容 □ 能倾听和尊重他人提出的不同观点,并交换意见	前置量表

2.23　影响摩擦力大小的因素

表现性评价任务	PTA 检核量表		应用范式建议
	评价指标	评分标准与规则 （每条标准满分 3 分，请根据真实表现取整数打分，重在弄清得分依据、扣分理由以及如何改进）	
A. 阅读材料，提出可探究的科学问题 （阅读材料：在材料相同的水平面上匀速推动两个质量不同的物体，其受到的摩擦力大小不同；在材料不同的水平面上匀速推动两个质量相同的物体，其受到的摩擦力大小也不同）	提出问题	☐ 表述清晰，且是用带"？"的话语 ☐ 以阅读材料中的客观事实为基础 ☐ 指向认识与探索"影响摩擦力大小的因素"的现象 ☐ 问题结果暗含摩擦力的大小与作用在物体表面的压力大小以及接触面的粗糙程度之间的关系 ☐ 提出其他有价值的科学问题	后置量表
B. 提出猜想与假设，并说明理由	提出猜想与假设	☐ 能够猜出压力大小和接触面粗糙程度等因素会影响摩擦力的大小 ☐ 能够建立摩擦力大小、压力大小、接触面粗糙程度等变量之间的关系 ☐ 陈述的理由是基于观察到的现象、与摩擦力有关的知识和生活经验 ☐ 陈述的理由要与提出的猜想与假设保持一致	后置量表

续表

表现性评价任务	PTA 检核量表		应用范式建议
	评价指标	评分标准与规则（每条标准满分 3 分，请根据真实表现取整数打分，重在弄清得分依据、扣分理由以及如何改进）	
C1."动脑"和"动手"相结合：一边对 C2 给出的几个问题做系统思考，一边动手用简图画出实验方案，并简要说明实验步骤	设计实验方案	□ 方案针对"摩擦力大小与什么因素有关"或者"摩擦力大小与压力大小有什么关系"等 □ 方案准确运用了控制变量等科学思想方法 □ 方案逻辑严密、结构完整 □ 方案具有可操作性 □ 方案具有一定创新性，如对改变压力大小、测量摩擦力的方法等方面提出自己的想法	后生量表
C.制定探究方案			
C2.思考并回答如下问题 1.实验研究的对象是什么？ 2.如何改变压力的大小？如何改变接触面的粗糙程度？ 3.研究摩擦力大小与压力大小关系、摩擦力大小与接触面粗糙程度关系时，应分别使什么变量相同？ 4.长木板放置有何要求？ 5.拉动物块时有何要求？ 6.对物块的拉力与物块受到的摩擦力之间有何关系？	实验设计思路	□ 回答正确，理由充分、科学 1. 物块 2. 在物块上增减砝码；在长木板上铺上粗糙程度不同的材料（棉布、丝绸等） 3. 接触面粗糙程度；压力大小 4. 长木板水平放置 5. 在水平方向上用弹簧测力计拉动物块，使物块做匀速直线运动 6. 对物块的拉力和物块受到的摩擦力是一对平衡力，大小相等，方向相反，作用在同一物体上	后生量表
C3.设计实验数据记录表	设计实验数据记录表	□ 表格中记的变量为压力大小、接触面粗糙程度、摩擦力大小等 □ 设计三组不同大小的压力、设计三种粗糙程度不同的水平面材料 □ 表头横排为"压力大小""接触面粗糙程度""摩擦力（牛）"，竖排为"实验次数"	后置量表

续表

表现性评价任务	PTA 检核量表		应用范式建议
	评价指标	评分标准与规则 （每条标准满分 3 分,请根据真实表现取整数打分,重在弄清得分依据、扣分理由以及如何改进）	
D.实验操作,并记录实验数据 1.在水平放置的长木板上放一物块,用弹簧测力计拉物块,使它在长木板上做匀速直线运动,测出物块运动时受到的摩擦力,并将结果记录在表格中 2.使接触面粗糙程度相同,在物块上放不同数量的砝码,增大木块与长木板之间的压力,重复实验步骤1 3.使压力大小相同,在长木板上分别铺卜棉布和丝绸,以改变接触面的粗糙程度,重复实验步骤1 实验次数 / 压力大小 / 接触面粗糙程度 / 摩擦力（牛） 1 2 3 4 5	进行实验与获取数据	□ 规范组装实验装置、铺平水平面材料、保持在水平方向上匀速直线拉动物块等 □ 能够科学地观察物块运动情况,比较并测量物块在不同情况下受到的摩擦力大小 □ 数据记录真实、及时、完整 □ 能够关注与记录实验中的"意外"情况	前置量表
E.比较分析数据,写出你的发现	分析与论证	□ 能够对获得的数据进行重新处理 □ 能够从不同的视角对数据(包括通常认为的无效数据)进行科学分析与解释	后置量表

表现性评价任务	PTA 检核量表		应用范式建议
	评价指标	评分标准与规则 （每条标准满分 3 分,请根据真实表现取整数打分,重在弄清得分依据、扣分理由以及如何改进）	
F.通过归纳、概括,写出你得到的结论,并思考与讨论如下问题 1.分析讨论实验中的误差及产生误差的原因 2.如何改进实验以更准确地测量摩擦力的大小?	得出结论并进行评估	☐ 能够用自己语言准确、严谨、概括地描述摩擦力大小、压力大小、接触面粗糙程度等变量之间的关系 ☐ 有意识与提出的猜想与假设相联系,能注意到与预期结果不一致的现象,并做出合理解释 ☐ 除教材中结论之外,能有其他的新发现 ☐ 思考与讨论回答正确,理由充分、科学 1.难以完全匀速拉动物块,弹簧测力计运动状态下较难读数等 2. 弹簧秤　　　　　　　　　F	后置量表
G.表达与交流　G1.小组合作:用文字、图表等方式,就探究过程、结果与反思,制作一个交流展示板	小组合作制作展板	☐ 展板内容应包括:主题;科学探究中提出的科学问题;提出的猜想与假设;得出的结论和评估等要素;反思等 ☐ 展板结构化、清晰地呈现科学探究过程的六个要素,突出控制变量等科学思想方法 ☐ 展板简洁、美观 ☐ 善于与同伴合作,既能尊重合作者,也能坚持自己的原则	前置量表
G2.小组之间,相互随机抽取组员就自己的展板进行解说交流	交流	☐ 能简要、清晰、有逻辑地表达展板内容 ☐ 能倾听和尊重他人提出的不同观点,并交换意见	前置量表

2.24　光的反射定律

表现性评价任务	PTA 检核量表		应用范式建议
	评价指标	评分标准与规则 （每条标准满分 3 分，请根据真实表现取整数打分，重在弄清得分依据、扣分理由以及如何改进）	
A. 观看视频：提出可探究的科学问题 （视频内容聚焦：在一个风平浪静的深夜，海面上一片漆黑，只有灯塔发出的光指引着还未回家的渔民，灯塔发出的光线由于入射角度不同，反射光线也发生了改变）	提出问题	☐ 表述清晰，且是用带"?"的话语 ☐ 以视频中的客观事实为基础 ☐ 指向认识与探究"反射光线随入射光线变化而变化"的现象 ☐ 问题结果暗含反射光线、法线与入射光线三者的位置关系 ☐ 问题结果暗含反射角与入射角有一定关系 ☐ 提出其他有价值的科学问题	后置量表
B. 提出猜想与假设，并说明理由	提出猜想与假设	☐ 能够建立反射光线、法线与入射光线之间的位置关系 ☐ 能够建立反射角与入射角之间的大小关系 ☐ 陈述的理由是基于观察到的现象、与"光的反射"有关的知识和生活经验 ☐ 陈述的理由要与提出的猜想与假设保持一致	后置量表

表现性评价任务		PTA 检核量表		应用范式建议
		评价指标	评分标准与规则（每条标准满分 3 分，请根据真实表现取整数打分，重在弄清得分依据、扣分理由以及如何改进）	
C.制定探究方案	C1."动脑"和"动手"相结合：一边对 C2 给出的几个问题做系统思考，一边动手用简图画出实验方案，并简要说明实验步骤	设计实验方案	☐ 方案针对"反射光线、法线与入射光线有什么样的位置关系" ☐ 方案针对"反射角与入射角之间有什么样的大小关系" ☐ 方案准确运用了多次测量、对照等科学思想方法 ☐ 方案逻辑严密、结构完整 ☐ 方案具有可操作性 ☐ 方案具有一定创新性，如对不同入射角度引起的不同光路的显示方式等方面提出新的想法	前生量表
	C2.思考并回答如下问题 1.实验的研究对象是什么？ 2.该实验中需要多次改变的对象是什么？ 3.如何通过前后对照说明三线共面？ 4.纸板与镜面应该如何放置？ 5.如何记录每组的反射光线与入射光线？	实验设计思路	☐ 回答正确，理由充分、科学 1.光线 2.入射光线的角度 3.实验中绕着竖直对称轴前后翻转一侧纸板，观察反射光线在该侧纸板中是否显示 4.首先将镜面放置在水平面上，接着使纸板垂直于镜面放置 5.使用不同颜色的笔分别描出每组光线，或通过序号表示每组光线等	前生量表
	C3.设计实验数据记录表	设计实验数据记录表	☐ 表格中记录的变量为入射角和反射角 ☐ 表格中至少包含三次实验记录 ☐ 表头横排为"入射角""反射角"，竖向为"实验次数"	后置量表

续表

表现性评价任务	PTA 检核量表		应用范式建议
	评价指标	评分标准与规则 （每条标准满分 3 分，请根据真实表现取整数打分，重在弄清得分依据、扣分理由以及如何改进）	
D. 实验操作，并记录实验数据 1. 把一面平面镜 M 放在水平桌面上，再把一块硬纸板竖直地立在平面镜上，纸板上的直线 ON 垂直于镜面 2. 使 E、F 两板面处于同一平面内，让一束光贴着纸板 E 沿着某一角度射到 O 点，经过平面镜的反射，沿着另一个方向射出，在纸板上用红色笔描出入射光和反射光的径迹 3. 改变光束的入射方向，重做两次。换用其他颜色的笔描出入射光和反射光的径迹 4. 将 F 板绕 ON 前后转动，在 F 板上观察反射光线 5. 取下硬纸板，用量角器量出入射角和反射角，记录在表格中 	进行实验与获取数据	☐ 硬纸板与平面镜垂直放置 ☐ E、F 两板处于同一平面内 ☐ 多次测量时，确保每次入射到固定点 O ☐ 用不同颜色的笔描出每次光线的径迹 ☐ 每次入射时所选角度应相差较大 ☐ 数据记录真实、及时、完整 ☐ 能够关注与记录实验中的"意外"情况	前置量表
E. 比较分析数据，写出你的发现	分析与论证	☐ 能够对获得的数据进行重新处理 ☐ 能够从不同的视角对数据（包括通常认为的无效数据）进行科学分析与解释	后生量表

续表

| 表现性评价任务 | PTA 检核量表 | | 应用范式建议 |
	评价指标	评分标准与规则（每条标准满分 3 分,请根据真实表现取整数打分,重在弄清得分依据、扣分理由以及如何改进）	
F. 通过归纳、概括,写出你得到的结论,并分析讨论实验中的误差以及误差产生的原因	得出结论并进行评估	☐ 能够正确描述在光的反射现象中,反射光线、入射光线与法线位于同一平面内 ☐ 能够正确描述在光的反射现象中,反射光线与入射光线分居法线两侧 ☐ 能够正确描述在光的反射现象中,反射角等于入射角 ☐ 有意识与提出的猜想与假设相联系,能注意到与预期结果不一致的现象,并做出合理解释 ☐ 除教材中结论之外,能有其他的新发现 ☐ 明确误差产生的原因可能是硬纸板与平面镜不完全垂直或角度测量存在误差等	后生量表
G. 表达与交流	G1. 小组合作:用文字、图表等方式,就探究过程、结果与反思,制作一个交流展示板	小组合作制作展板	☐ 展板内容应包括:主题;科学探究中提出的科学问题;提出的猜想与假设;得出的结论和评估等要素;反思等 ☐ 展板结构化、清晰地呈现科学探究过程的六个要素,突出多次测量、前后对照等科学思想方法 ☐ 展板简洁、美观 ☐ 善于与同伴合作,既能尊重合作者,也能坚持自己的原则	前置量表
	G2. 小组之间,相互随机抽取组员就自己的展板进行解说交流。	交流	☐ 能简要、清晰、有逻辑地表达展板内容 ☐ 能倾听和尊重他人提出的不同观点,并交换意见	前置量表

2.25 平面镜成像的规律

表现性评价任务	PTA 检核量表		应用范式建议
	评价指标	评分标准与规则 （每条标准满分 3 分,请根据真实表现取整数打分,重在弄清得分依据、扣分理由以及如何改进）	
A. 观看视频,提出可探究的科学问题 （视频内容聚焦:把一支点燃的蜡烛放在玻璃板前,通过不同角度观察蜡烛的像;将蜡烛远离或靠近玻璃板,再次从不同角度观察蜡烛的像）	提出问题	☐ 表述清晰,且是用带"?"的话语 ☐ 以视频中的客观事实为基础 ☐ 指向认识与探索"平面镜成像"的现象 ☐ 问题结果暗含"平面镜所成的像到平面镜的距离与物到平面镜的距离相等"或"物像大小相等"或"像与物的连线与镜面垂直"关系 ☐ 提出其他有价值的科学问题	前生量表
B. 提出猜想与假设,并说明理由	提出猜想与假设	☐ 能够猜出平面镜所成的像到平面镜的距离与物到平面镜的距离相等 ☐ 能够建立物像之间的大小关系 ☐ 能够建立物像连线与镜面垂直关系 ☐ 陈述的理由是基于观察到的现象、与"平面镜成像"有关的知识和生活经验 ☐ 陈述的理由要与提出的猜想与假设保持一致	后置量表

续表

表现性评价任务		PTA 检核量表		应用范式建议
		评价指标	评分标准与规则 （每条标准满分 3 分，请根据真实表现取整数打分，重在弄清得分依据、扣分理由以及如何改进）	
C.制定探究方案	C1."动脑"和"动手"相结合：一边对 C2 给出的几个问题做系统思考，一边动手用简图画出实验方案，并简要说明实验步骤	设计实验方案	☐ 方案针对"平面镜所成的像到平面镜的距离与物到平面镜的距离关系""物像大小关系"或者"像与物的连线与镜面的关系"等 ☐ 方案准确运用了多次测量的科学思想方法和相关的数学方法 ☐ 方案逻辑严密、结构完整 ☐ 方案具有可操作性 ☐ 方案具有一定创新性，如针对玻璃板厚度对实验的影响提出想法	前置量表
	C2.思考并回答如下问题 1.实验研究的对象是什么？ 2.玻璃板如何放置？ 3.如何确定像的位置？ 4.如何比较像与物的大小关系？	实验设计思路	☐ 回答正确，理由充分、科学 1.像与物 2.垂直于桌面 3.用另一支蜡烛在玻璃板后移动，直至与像重合 4.选择两支相同的蜡烛，比较玻璃板后的蜡烛与像的大小关系	前置量表
	C3.设计实验数据记录表	设计实验数据记录表	☐ 表格中记录的量为物到平面镜的距离、像到平面镜的距离、物像大小、物像的连线是否与镜面垂直等 ☐ 表头横排为"蜡烛到平面镜距离""像到平面镜距离""物像大小比较""物像连线是否与镜面垂直"，竖排为实验次数	后置量表

133

续表

表现性评价任务	PTA 检核量表		应用范式建议
	评价指标	评分标准与规则 （每条标准满分 3 分，请根据真实表现取整数打分，重在弄清得分依据、扣分理由以及如何改进）	
D.实验操作，并记录实验数据 1.把一支点燃的蜡烛放在玻璃板前，观察玻璃板后蜡烛的像，拿另一支完全相同的未点燃的蜡烛在玻璃板后移动，直至与蜡烛的像完全重合，分别记录玻璃板前后蜡烛的位置 2.改变点燃蜡烛在玻璃板前的位置，重复步骤1 3.移开玻璃板后面的蜡烛，用白色光屏放在玻璃板后已移去蜡烛的位置，用眼睛在玻璃板后直接观察光屏 4.用直线将蜡烛和它对应的像的位置连起来。量出蜡烛到玻璃板的距离及蜡烛的像到玻璃板的距离 表：序号/蜡烛到平面镜的距离（厘米）/像到平面镜的距离（厘米）/像与蜡烛大小比较（1、2、3行空白）	进行实验与获取数据	☐ 规范放置实验装置，准确测量、正确比较实验数据等 ☐ 能够科学地观察物与像的位置及大小关系、测量物像连线与镜面的关系等 ☐ 数据记录真实、及时、完整 ☐ 能够关注与记录实验中的"意外"情况	前置量表
E. 比较分析数据，写出你的发现	分析与论证	☐ 能够对获得的数据进行重新处理 ☐ 能够从不同的视角对数据（包括通常认为的无效数据）进行科学分析与解释	后置量表

续表

表现性评价任务	PTA 检核量表		应用范式建议
	评价指标	评分标准与规则 （每条标准满分 3 分，请根据真实表现取整数打分，重在弄清得分依据、扣分理由以及如何改进）	
F. 通过归纳、概括，写出你得到的结论，并思考与讨论如下问题 1. 该实验中为什么要进行多次测量？ 2. 为什么用玻璃板代替平面镜进行实验？ 3. 为什么玻璃板需垂直放置在桌面上？ 4. 为何要在较暗的环境里进行实验？ 5. 为什么要将另一支完全相同的蜡烛放在玻璃板后？ 6. 为什么要用直线将实验中对应的物点和像点的位置连起来？	得出结论并进行评估	□ 能够正确描述平面镜成像规律 □ 有意识与提出的猜想与假设相联系，能注意到与预期结果不一致的现象，并做出合理解释 □ 除教材中结论之外，能有其他的新发现 □ 思考与讨论回答正确，理由充分、科学 1. 多次测量得出普遍规律 2. 便于寻找和确定像的位置及大小 3. 保证成像在桌面上，便于确定像的位置 4. 为了观察到更清晰的像 5. 确定像与物的大小关系 6. 确定像与物相对于平面镜具有对称性	后置量表
G. 表达与交流	G1. 小组合作：用文字、图表等方式，就探究过程、结果与反思，制作一个交流展示板	小组合作制作展板	□ 展板内容应包括：主题；科学探究中提出的科学问题；提出的猜想与假设；得出的结论和评估等要素；反思等 □ 展板结构化、清晰地呈现科学探究过程的六个要素，突出多次测量等科学思想方法和相关数学方法 □ 展板简洁、美观 □ 善于与同伴合作，既能尊重合作者，也能坚持自己的原则	前置量表
	G2. 小组之间，相互随机抽取组员就自己的展板进行解说交流。	交流	□ 能简要、清晰、有逻辑地表达展板内容 □ 能倾听和尊重他人提出的不同观点，并交换意见	前置量表

2.26 凸透镜成像的规律

表现性评价任务	PTA 检核量表		应用范式建议
	评价指标	评分标准与规则（每条标准满分 3 分，请根据真实表现取整数打分，重在弄清得分依据、扣分理由以及如何改进）	
A. 通过绘制与分析凸透镜成像光路图，提出可探究的科学问题	画光路图	□ 画图符合科学规范 □ 准确画出经过凸透镜的三条特殊光线传播情况	后置量表
	提出问题	□ 表述清晰，且是用带"?"的话语 □ 以所画的光路图及其分析为基础 □ 指向物体经过凸透镜所成像的特点 □ 问题结果指出或暗含凸透镜成像的大小、正倒、虚实情况 □ 问题结果指出或暗含凸透镜成像特点的影响因素 □ 提出其他有价值的科学问题	前生量表
B. 提出猜想与假设，并说明理由	提出猜想与假设	□ 能够建立凸透镜成像的性质与物距的关系 □ 陈述的理由是基于科学推理如凸透镜成像光学原理图、生活经验、观察到的实验现象如"凸透镜成像的性质随物距改变的情况"等 □ 陈述的理由要与提出的猜想与假设保持一致	后置量表

续表

表现性评价任务	PTA 检核量表		应用范式建议
	评价指标	评分标准与规则 （每条标准满分 3 分，请根据真实表现取整数打分，重在弄清得分依据、扣分理由以及如何改进）	
C. 制定 探究 方案			
C1.“动脑”和“动手”相结合：一边对 C2. 给出几个问题做系统思考，一边动手画出实验方案简图	设计实验方案	设计实验原理简图： □ 能根据实验简图，简洁叙述实验方案 □ 光学仪器布局顺序、高度调节合理 □ 仪器安放位置便于在较大范围内改变物距，并能够方便调节像距 □ 方案设计合理，明确依次改变物距，调节光屏获取清晰的像，同时测量像距 □ 方案具有一定创新性，如针对测量凸透镜的焦距、如何判断最清晰像的位置等方面提出自己的想法	前生量表
C2. 思考并回答如下问题： 1. 实验研究的对象是什么？ 2. 如何测量凸透镜的焦距？ 3. 如何改变物体与凸透镜的距离？ 4. 如何确保实验过程中像成在光屏中央？	实验设计思路	□ 回答正确，理由充分、科学 1. 蜡烛和蜡烛的像 2. 选择一块凸透镜，将凸透镜正对太阳光或其他平行光，用一张白纸在它的另一侧来回移动，直到纸上的光斑变得最小最亮，此时测量光斑到凸透镜的距离，即为焦距 f 3. 在光具座上保持凸透镜位置不动，水平移动蜡烛到不同位置。 4. 把蜡烛、凸透镜、光屏依次安放在光具座上，调节它们的高低，使三者的中心处在同一高度	前生量表

续表

表现性评价任务		PTA 检核量表		应用范式建议
	评价指标	评分标准与规则（每条标准满分 3 分，请根据真实表现取整数打分，重在弄清得分依据、扣分理由以及如何改进）		
C.制定探究方案	C3. 设计实验数据记录表，并简要说明	设计实验数据记录表	☐ 表格中记录的变量为物距 u，像距 v，像的倒正、大小、虚实等 ☐ 根据像的性质与物距的关系，表格中应至少记录四组不同成像的情况 ☐ 为寻找普遍规律，每种成像情况至少进行两次实验 ☐ 表头横排为"物距""像距""像的性质"，竖向为实验次数	后置量表
D. 实验操作，并记录实验数据 1. 将凸透镜放在阳光下或利用平行光源测出凸透镜的焦距 2. 把蜡烛、凸透镜和光屏依次放在光具座上，使三者的中心处于同一高度 3. 点燃蜡烛，把蜡烛放在离凸透镜尽量远的位置上，调整光屏到凸透镜的距离，使蜡烛在屏上成一个清晰的像 4. 将蜡烛逐次移近凸透镜，每次调整光屏到凸透镜的距离，使蜡烛在屏上成一个清晰的像 　(1) 当烛焰在光屏上成倒立、缩小的像时，测量并记录物距和像距 　(2) 当烛焰在光屏上成倒立、等大的像时，测量并记录物距和像距 　(3) 当烛焰在光屏上成倒立、放大的像时，测量并记录物距和像距 　(4) 当通过凸透镜能观察到蜡烛正立、放大的像时，测量并记录这时的物距	进行实验与获取数据	☐ 按照实验简图组装仪器，规范将蜡烛、凸透镜、光屏组装到光具座上 ☐ 能规范地移动蜡烛的位置，并同时调节光屏位置 ☐ 能够科学地观察成像情况，并能根据像的清晰程度调节光屏位置 ☐ 数据记录真实、及时、完整，各组数据一一对应 ☐ 能分析例如蜡烛因燃烧变短而导致成像位置发生变化的原因，并能正确将像调整到光屏中央 ☐ 能够关注与记录实验中的"意外"情况		前置量表

续表

表现性评价任务	PTA 检核量表		应用范式建议
	评价指标	评分标准与规则（每条标准满分 3 分，请根据真实表现取整数打分，重在弄清得分依据、扣分理由以及如何改进）	
E.比较分析数据，写出你的发现，并思考与讨论如下问题 1.凸透镜成像时，什么情况下像和物体在凸透镜的异侧？什么情况下像和物体在凸透镜的同侧？ 2.当凸透镜成实像时，随着物距的减小，像距是怎样变化的？像距和焦距有什么关系？ 3.什么条件下凸透镜成实像？ 4.什么条件下凸透镜成虚像？	分析与论证	□ 能够对获得的数据进行重新处理 □ 能够从不同的视角对数据（包括通常认为的无效数据）进行科学分析与解释 □ 思考与讨论回答正确，理由充分、科学 1.$u>f$ 时，像和物体在凸透镜异侧；$u<f$ 时，像和物体在凸透镜同侧 2.当凸透镜成实像时，随着物距的减小，像距增大；像距始终大于 1 倍焦距 3.$u>f$ 时，物体通过凸透镜成实像 4.$u<f$ 时，物体通过凸透镜成虚像	后生量表
F.通过归纳、概括，写出你得到的结论，并思考与讨论如下问题 1.请列举实验中的误差，如何减少误差？ 2.放大的像和缩小的像，哪个像更亮？ 3.先确定物距，再测量像距；先确定像距，再测量物距，哪种方法更方便操作？	得出结论并进行评估	□ 能够正确描述物距对成像的大小、正倒、虚实的影响；能够总结出凸透镜成像规律 □ 有意识与提出的猜想与假设相联系，能注意到与预期结果不一致的现象，并做出合理解释 □ 除教材中结论之外，能有其他的新发现 □ 思考与讨论回答正确，理由充分、科学 1.移动光屏至最清晰的像，判断清晰像因人而异，导致像距测量误差 2.缩小的像更亮 3.先确定物距，再测量像距	后生量表

续表

表现性评价任务		PTA 检核量表		应用范式建议
	评价指标	评分标准与规则（每条标准满分 3 分，请根据真实表现取整数打分，重在弄清得分依据、扣分理由以及如何改进）		
G. 表达与交流	G1. 小组合作：用文字、图表等方式，就探究过程、结果与反思，制作一个交流展示板	小组合作制作展板	□ 展板内容应包括：主题；科学探究中提出的科学问题；提出的猜想与假设；得出的结论和评估等要素；反思等 □ 展板结构化、清晰地呈现科学探究过程的六个要素，突出多次实验等科学思想方法 □ 展板简洁、美观 □ 善于与同伴合作，既能尊重合作者，也能坚持自己的原则	前置量表
	G2. 小组之间，相互随机抽取组员就自己的展板进行解说交流	交流	□ 能简要、清晰、有逻辑地表达展板内容 □ 能倾听和尊重他人提出的不同观点，并交换意见	前置量表

2.27　串、并联电路的电流特点

表现性评价任务	PTA 检核量表		应用范式建议
	评价指标	评分标准与规则 （每条标准满分 3 分，请根据真实表现取整数打分，重在弄清得分依据、扣分理由以及如何改进）	
A. 观看演示实验，提出可探究的科学问题 （演示实验内容聚焦：两个相同规格的小灯泡，将之串联或并联在同一电源后，观察灯泡的亮度变化）	提出问题	☐ 表述清晰，且是用带"？"的话语 ☐ 以电路连接及其现象为基础 ☐ 指向"两盏相同规格小灯泡串联和并联，亮度不同与电流大小的关系" ☐ 问题结果暗含"电流大小特点与串联电路、并联电路的电路连接方式的关系" ☐ 提出其他有价值的科学问题	前生量表
B. 提出猜想与假设，并说明理由	提出猜想与假设	☐ 能够猜出电流的特点与串联、并联电路的连接方式有关 ☐ 能够建立串、并联电路和电流的相等或相加的关系 ☐ 陈述的理由是基于观察到的"串、并联电路中小灯泡不同的亮度"有关的知识和生活经验 ☐ 陈述的理由要与提出的猜想与假设保持一致	后置量表

续表

表现性评价任务		PTA 检核量表		应用范式建议
	评价指标	评分标准与规则 （每条标准满分 3 分，请根据真实表现取整数打分，重在弄清得分依据、扣分理由以及如何改进）		
C. 制定探究方案	C1."动脑"和"动手"相结合：一边对 C2 给出的几个问题做系统思考，一边动手用简图画出实验方案，并简要说明实验步骤	设计实验方案	□ 方案针对"串联电路的电流大小特点"或"并联电路的电流大小特点"等 □ 方案准确运用了控制变量法等科学思想方法 □ 方案逻辑严密、结构完整 □ 方案具有可操作性 □ 方案具有一定创新性，如电流表摆放的位置、电路的连接技巧、开关的合理使用等	后生量表
	C2.思考并回答如下问题 1.实验研究的对象是什么？ 2.如何测量小灯泡的电流大小？ 3.需设计几次实验？为什么？ 4.电流表的量程如何选择？	实验设计思路	□ 回答正确，理由充分、科学 1.电流 2.用电流表与被测小灯泡串联 3.选用不同规格的灯泡重复实验，排除实验偶然性，便于得出普遍规律 4.试触法	后生量表
	C3.设计实验数据记录表	设计实验数据记录表	□ 表格中横排为记录的变量，主要有"电流大小"等 □ 表格中纵排为实验次数 □ 表头中，科学量名称、符号、单位等表述清晰	后置量表

续表

表现性评价任务	PTA 检核量表		应用范式建议
	评价指标	评分标准与规则 (每条标准满分 3 分,请根据真实表现取整数打分,重在弄清得分依据、扣分理由以及如何改进)	
D. 实验操作,并记录实验数据 1. 根据电路图,连接实物 2. 用电流表分别测出串联电路图中 1、2、3 位置的电流,并记录 $I_1 = $ _____ , $I_2 = $ _____ , $I_3 = $ _____ 。 3. 将灯泡 L_1 和灯泡 L_2 换成另外两个小灯泡,再次测出图中 1、2 和 3 位置的电流,看看它们之间的关系 4. 重复上述实验步骤,完成并联电路的探究活动 串联电路图 并联电路图	进行实验与获取数据	☐ 规范组装串、并联电路,注意开关位置、电流表正负接线柱量程等 ☐ 能够科学地观察电流表示数,比较串、并联电路的电流大小关系等 ☐ 数据记录真实、及时、完整 ☐ 能够关注与记录实验中的"意外"情况,如"并联电路中,位置 3 的电流超过量程"等	前置量表
E. 比较分析数据,写出你的发现	分析与论证	☐ 能够对获得的数据进行重新处理 ☐ 能够从不同的视角对数据(包括通常认为的无效数据)进行科学分析与解释	后置量表

续表

表现性评价任务	PTA 检核量表		应用范式建议
	评价指标	评分标准与规则 （每条标准满分3分，请根据真实表现取整数打分，重在弄清得分依据、扣分理由以及如何改进）	
F.通过归纳、概括，写出你得到的结论，并思考与讨论如下问题 1.若其中一盏灯不亮，电流表有示数，试分析电路故障 2.若电流表的指针偏转幅度过小，应如何处理？ 3.下面3个图中，电流表测量支路的是哪个图？ A B C 4.若只有一个电流表，如何设计？ 5.若有两个电流表，如何设计？ 6.若有三个开关，如何设计？	得出结论并进行评估	□ 能够用自己语言准确、严谨、概括地描述串、并联电路的电流大小关系 □ 有意识与提出的猜想与假设相联系，能注意到与预期结果不一致的现象，并做出合理解释 □ 除教材中结论之外，有其他的新发现 □ 思考与讨论正确，理由充分、科学 1.另一盏灯短路 2.换用更小量程的接线柱，重新实验 3.A 4.三次拆接法 5.两次拆接法 6.直接组装	后置量表

表现性评价任务		PTA 检核量表		应用范式建议
		评价指标	评分标准与规则（每条标准满分 3 分，请根据真实表现取整数打分，重在弄清得分依据、扣分理由以及如何改进）	
G. 表达与交流	G1. 小组合作：用文字、图表等方式，就探究过程、结果与反思，制作一个交流展示板	小组合作制作展板	□ 展板内容应包括：主题；科学探究提出的科学问题；提出的猜想与假设；得出的结论和评估等要素；反思等 □ 展板结构化、清晰地呈现科学探究过程的六个要素，突出控制变量、转换等科学思想方法 □ 展板简洁、美观 □ 善于与同伴合作，既能尊重合作者，也能坚持自己的原则	前置量表
	G2. 小组之间，相互随机抽取组员就自己的展板进行解说交流	交流	□ 能简要、清晰、有逻辑地表达展板上的串、并联电路电流关系的内容 □ 能倾听和尊重他人提出的不同观点，并交换意见	前置量表

2.28 串、并联电路的电压特点

表现性评价任务	PTA 检核量表		应用范式建议
	评价指标	评分标准与规则 （每条标准满分 3 分，请根据真实表现取整数打分，重在弄清得分依据、扣分理由以及如何改进）	
A. 观察演示实验，提出可探究的科学问题 （演示实验：将两个不同规格的小灯泡串联后，观察亮度是否不同）	提出问题	☐ 表述清晰，且是用带"？"的话语 ☐ 以演示实验电路连接及其现象为基础 ☐ 指向认识与探索串联电路的电压规律 ☐ 问题结果暗含"串联电路总电压等于各支路两端电压之和" ☐ 提出其他有价值的科学问题	后置量表
B. 提出猜想与假设，并说明理由	提出猜想与假设	☐ 能够建立串联电路的总电压与各用电器电压之间的关系 ☐ 陈述的理由是基于"串联电路的两个灯泡亮度不同"的现象、与电压的测量有关的知识 ☐ 陈述的理由要与提出的猜想与假设保持一致	后置量表

表现性评价任务		PTA 检核量表		应用范式建议
		评价指标	评分标准与规则 （每条标准满分 3 分，请根据真实表现取整数打分，重在弄清得分依据、扣分理由以及如何改进）	
C. 制定探究方案	C1."动脑"和"动手"相结合：一边对 C2 给出的几个问题做系统思考，一边动手用简图画出实验方案，并简要说明实验步骤	设计实验方案	☐ 方案针对"串联电路的总电压与各用电器两端电压之间的关系" ☐ 方案准确运用了控制变量法等科学思想方法 ☐ 方案逻辑严密、结构完整 ☐ 方案具有可操作性 ☐ 方案具有一定创新性，如用不同规格的电阻，以不同的组合进行多次实验等	后生量表
	C2.思考并回答如下问题： 1.实验研究的对象是什么？ 2.如何使用电压表？ 3.如何使实验结论更普遍？ 4.利用一个电压表开展实验，需要注意什么？	实验设计思路	☐ 回答正确，理由充分、科学 1.电压 2.串联、选择合适量程、正负接线柱 3.选用不同规格的电阻重复实验 4.电路连接前，需要断开开关	后生量表
	C3.设计实验数据记录表	设计实验数据记录表	☐ 表格中记录的变量为电阻大小、测得的电压大小等 ☐ 表格中应至少设计两个不同阻值的电阻，每次实验得出三个电压数据 ☐ 表头横排为"实验次数""U_1(伏)""U_2(伏)""U(伏)"，竖排为序号	后置量表

续表

表现性评价任务	PTA 检核量表		应用范式建议
	评价指标	评分标准与规则 （每条标准满分 3 分,请根据真实表现取整数打分,重在弄清得分依据、扣分理由以及如何改进）	
D. 实验操作,并记录实验数据 1. 准备 2 个以上阻值不同的电阻、电源、电压表、导线、开关等 2. 连接电路。分别测量 ab、bc、ac 的电压,将数据填入表格中 3. 更换不同阻值电阻重复上述实验 实验次数 / U_1（伏）/ U_2（伏）/ U（伏） 1 2 3	进行实验与获取数据	☐ 规范连接电路、连线时开关断开、三个电压表同时测量等 ☐ 能够准确地选择量程,能够用多组不同电阻的组合增加变量数目,力图让实验结果更具说服力 ☐ 数据记录真实、及时、完整 ☐ 能够关注与记录实验中的"意外"情况	前置量表
E. 比较分析数据,写出你的发现	分析与论证	☐ 能够对获得的数据进行重新处理 ☐ 能够从不同的视角对数据（包括通常认为的无效数据）进行科学分析与解释	后置量表
F. 通过归纳、概括,写出你得到的结论,并思考与讨论如下问题: 1. 测量过程中,某一个电阻两端的电压和电源电压相等,另一个电阻两端的电压为零,可能发生了什么故障? 2. 分析讨论实验中的误差以及如何减少误差?	得出结论并进行评估	☐ 能够用自己语言准确、严谨、概括地描述串联电路电压大小的规律 ☐ 有意识与提出的猜想与假设相联系,能注意到与预期结果不一致的现象,并做出合理解释 ☐ 除教材中结论之外,有其他的新发现 ☐ 回答正确,理由充分、科学 1. 该电阻断路 2. 由于导线有电阻,电压表测量存在误差等	后置量表

续表

表现性评价任务		PTA 检核量表		应用范式建议
	评价指标	评分标准与规则 （每条标准满分 3 分，请根据真实表现取整数打分，重在弄清得分依据、扣分理由以及如何改进）		
G. 表达与交流	G1. 小组合作：用文字、图表等方式，就探究过程、结果与反思，制作一个交流展示板	小组合作制作展板	□ 展板内容应包括：主题；科学探究提出的科学问题；提出的猜想与假设；得出的结论和评估等要素；反思等 □ 展板结构化、清晰地呈现科学探究过程的六个要素，突出控制变量、转换等科学思想方法 □ 展板简洁、美观 □ 善于与同伴合作，既能尊重合作者，也能坚持自己的原则	前置量表
	G2. 小组之间，相互随机抽取组员就自己的展板进行解说交流	交流	□ 能简要、清晰、有逻辑地表达展板内容 □ 能倾听和尊重他人提出的不同观点，并交换意见	前置量表

2.29 影响导体电阻大小的因素

表现性评价任务	PTA 检核量表		应用范式建议
	评价指标	评分标准与规则 （每条标准满分 3 分，请根据真实表现取整数打分，重在弄清得分依据、扣分理由以及如何改进）	
A. 观察演示实验，提出可探究的科学问题 （演示实验：同一电路，仅更换不同横截面积、长度、材料的电阻丝，观察小灯泡亮度变化）	提出问题	☐ 表述清晰，且是用带"？"的话语 ☐ 以观察到的"不同规格电阻丝使得小灯泡亮度不同"这一现象为基础 ☐ 指向认识和探索"不同规格的导体，电阻不同"的现象 ☐ 问题结果暗含"导体电阻与导体横截面积、长度、材料有一定关系" ☐ 提出其他有价值的科学问题	后置量表
B. 提出猜想与假设，并说明理由	提出猜想与假设	☐ 能够猜出导体的"横截面积、长度、材料"三种因素 ☐ 能够建立"导体电阻大小与导体横截面积、长度、材料等变量之间的关系" ☐ 陈述的理由是基于"分组实验所观察到的现象、灯的亮度和电流大小能反映电阻的大小"等相关的知识和生活经验 ☐ 陈述的理由要与提出的猜想与假设保持一致	后置量表

表现性评价任务	PTA 检核量表		应用范式建议
	评价指标	评分标准与规则（每条标准满分 3 分,请根据真实表现取整数打分,重在弄清得分依据、扣分理由以及如何改进）	
C. 制定探究方案	C1."动脑"和"动手"相结合:一边对 C2 给出的几个问题做系统思考,一边选择合适的实验仪器,动手画出电路图,并简要说明实验步骤	设计实验方案	☐ 方案针对"导体电阻大小与导体材料、横截面积、长度的关系" ☐ 方案准确运用了控制变量、转换等科学思想方法 ☐ 方案逻辑严密、结构完整 ☐ 方案具有可操作性 ☐ 方案具有一定创新性,如改变导体长度和横截面积的简易操作等	后置量表
	C2.思考并回答如下问题 1.实验研究的对象是什么? 2.改变电阻丝长度、横截面积、材料时,需要控制哪些变量? 3.如何比较电阻大小?运用了什么科学方法? 4.小灯泡能否不要?为什么?	实验设计思路	☐ 回答正确,理由充分、科学 1. 不同规格电阻丝 2.(1)改变长度时,控制横截面积、材料 　(2)改变横截面积时,控制材料、长度 　(3)改变材料时,控制长度、横截面积 3. 小灯泡的亮暗变化和电流表的示数变化;转换法 4. 不能;小灯泡能使实验更直观,且保护电路	后置量表
	C3.设计实验数据记录表,并简要说明	设计实验数据记录表	☐ 表格中记录的变量为导体的材料、长度、横截面积等 ☐ 针对以上三个变量,表格中应至少设计两种材料、两种长度、两种横截面积 ☐ 表头横排为"实验序号""材料""长度（厘米）""横截面积（平方毫米）""电流表示数（A）""灯泡亮暗程度",竖排为序号	后置量表

续表

表现性评价任务	PTA 检核量表		应用范式建议
	评价指标	评分标准与规则 （每条标准满分 3 分,请根据真实表现取整数打分,重在弄清得分依据、扣分理由以及如何改进）	
D.实验操作,并记录实验数据 	序号	材料	横截面积（平方毫米）	长度（厘米）	电流表示数（安）	灯泡亮暗程度
1	镍铬	0.29	30		
2	镍铬	0.7	30		
3	镍铬	0.29	15		
4	康铜	0.29	30		| 步骤: ①按照下面的电路图连接好实物图 ②将 1 号电阻丝接入电路中 ③闭合开关,观察小灯泡的亮度并记录电流表示数 ④用 2、3、4 号电阻丝重复实验并记录 待测导线	进行实验与获取数据	□ 规范连接电路,选择合适的电流表量程,选择合适的导线材料等 □ 能够科学地观察并记录小灯泡的亮度、电流表的示数 □ 数据记录真实、及时、完整 □ 能够关注与记录实验中"灯不亮""灯的亮度变化小"等"意外"情况	前置量表
E.思考并回答如下问题 1.若有两根相同规格的电阻丝,如何探究长度、横截面积对电阻大小的影响? 2.若只有一根电阻丝,可以研究哪些因素对电阻大小的影响? 如何操作? 3.分析讨论实验中的误差及如何减少误差? 4.为什么要选择导电能力较差的镍铬合金丝?	分析与论证	□ 回答正确,理由充分、科学 1.将两根电阻丝串联与并联 2.长度:通过改变导线接入点位置;横截面积:先将电阻丝的一半接入电路,然后将整根电阻丝对折后接入电路 3.长时间受温度的影响,导线横截面积不均匀等;多用几根电阻丝进行多次实验 4.镍铬合金丝的电阻较大,接入电路后,电路中的电流变化较明显	后生量表

续表

表现性评价任务	PTA 检核量表		应用范式建议
	评价指标	评分标准与规则 （每条标准满分 3 分，请根据真实表现取整数打分，重在弄清得分依据、扣分理由以及如何改进）	
F.通过归纳、概括，写出你得到的结论，并评估结论的可靠性	得出结论并进行评估	☐ 能够用自己语言正确描述材料、长度、横截面积等变量对导体电阻大小的影响 ☐ 有意识与提出的猜想与假设相联系，能注意到与预期结果不一致的现象，并做出合理解释 ☐ 除教材中结论外，能有其他的新发现	后生量表
G.表达与交流	G1.小组合作：用文字、图表等方式，就探究过程、结果与反思，制作一个交流展示板	小组合作制作展板	☐ 展板内容应包括：主题；科学探究提出的科学问题；提出的猜想与假设；得出的结论和评估等要素；反思等 ☐ 展板结构化、清晰地呈现科学探究过程的六个要素，突出控制变量、转换等科学思想方法 ☐ 展板简洁、美观 ☐ 善于与同伴合作，既能尊重合作者，也能坚持自己的原则	前置量表
	G2.小组之间，相互随机抽取组员就自己的展板进行解说交流	交流	☐ 能简要、清晰、有逻辑地表达展板内容 ☐ 能倾听和尊重他人提出的不同观点，并交换意见	前置量表

2.30　电流与电压的关系

表现性评价任务	PTA 检核量表		应用范式建议
	评价指标	评分标准与规则 （每条标准满分 3 分，请根据真实表现取整数打分，重在弄清得分依据、扣分理由以及如何改进）	
A. 观察演示实验，提出可探究的科学问题 （演示实验：一个木盒，上方安装一个小灯泡，其余电路在盒内，通电后在盒内调节，使灯泡的亮度发生变化）	提出问题	☐ 表述清晰，且是用带"?"的话语 ☐ 以演示实验电路连接及其现象为基础 ☐ 指向"电压改变引起灯泡亮暗变化"的现象 ☐ 问题结果暗含电流大小与电压大小有定量关系 ☐ 提出其他有价值的科学问题	后置量表
B. 提出猜想与假设，并说明理由	提出猜想与假设	☐ 能够建立电流与电压的关系 ☐ 陈述的理由是基于"电流产生的原因、观察到的实验现象、小灯泡亮度与电流的关系"等相关知识 ☐ 陈述的理由要与提出的猜想与假设保持一致	后置量表

续表

表现性评价任务	PTA 检核量表		应用范式建议
	评价指标	评分标准与规则 （每条标准满分 3 分,请根据真实表现取整数打分,重在弄清得分依据、扣分理由以及如何改进）	
C.制定探究方案			
C1."动脑"和"动手"相结合:一边对 C2 给出的几个问题做系统思考,一边动手画实验电路,并简要说明实验步骤	设计实验方案	 □ 方案针对"电流与电压之间有什么关系" □ 方案准确运用了控制变量的科学思想方法 □ 方案逻辑严密、结构完整 □ 电路图绘制正确,元件布局合理,方案具有可操作性 □ 方案具有一定创新性,如电压的改变不局限于电池数量的改变等	后生量表
C2.思考并回答如下问题 1.实验研究的对象是什么? 2.如何改变电压的大小? 3.需要测量哪些科学量? 4.为了比较电流与电压的关系,需要控制哪些量相同?怎样进行控制?	实验设计思路	□ 回答正确,理由充分、科学 1.定值电阻 2.串联一个滑动变阻器 3.通过定值电阻的电流和两端的电压 4.需要控制电阻的阻值不变;选用定值电阻	后生量表
C3.设计实验数据记录表	设计实验数据记录表	□ 表格中记录的变量为"电阻阻值、电阻两端电压、流过电阻的电流、电压与电流的比值"等 □ 要得到普遍规律,需要多次实验,记录多组数据。应尽量选择非特殊数据 □ 表头横排为"序号""电阻 R(欧)""电压 U(伏)""电流 I(安)""电压/电流 U/I",竖排为实验序号	后置量表

续表

表现性评价任务	PTA 检核量表		应用范式建议
	评价指标	评分标准与规则 （每条标准满分 3 分，请根据真实表现取整数打分，重在弄清得分依据、扣分理由以及如何改进）	
D. 实验操作，并记录实验数据 1. 按电路图用导线连接实验电路 2. 调节滑动变阻器 R' 滑片的位置，读取电压表和电流表的示数，断开开关，将数据记录在表格中 3. 重复 3 次实验，读出相应的电压、电流值，在表格中记录数据	进行实验与获取数据	☐ 严格按照电路图连接电路，连接电路时开关断开，滑动变阻器滑片移到阻值最大处 ☐ 两电表并排正确放置，选择合适量程 ☐ 能够通过移动滑动变阻器滑片，测出三组不同的电压、电流值 ☐ 数据记录真实、及时、完整 ☐ 能够关注与记录实验中的"意外"情况，能处理实验过程中出现的电路故障	前置量表

序号	电阻 R（欧）	电压 U（伏）	电流 I（安）	电压/电流 U/I
1	10			
2	10			
3	10			
4	10			

续表

表现性评价任务	PTA 检核量表		应用范式建议
	评价指标	评分标准与规则（每条标准满分 3 分,请根据真实表现取整数打分,重在弄清得分依据、扣分理由以及如何改进）	
E. 比较实验数据 1.分析表格中的数据,看看电阻一定时,电流与电压存在怎样的定量关系 2.采用图像法,根据上表中的数据,在坐标图上画出电阻不变时电流随电压变化的图像,并归纳概括电流随电压变化的规律	分析与论证	□ 能够对获得的数据进行重新处理和作图处理 □ 能够从不同的视角对数据(包括通常认为的无效数据)进行科学分析与解释 图像法分析数据 □ 明确纵轴、横轴所表示的科学意义 □ 画出各组数据对应点 □ 将各点平滑地连接起来 □ 归纳概括"平滑连线"反映出的科学规律	后置量表
F. 通过归纳、概括,写出你得到的结论,并思考与讨论如下问题: 1.分析讨论实验中的误差以及如何减少误差 2.若电压表和电流表的示数不改变,且均较大,则可能的原因是什么? 3.是否可以使用小灯泡代替电阻?说明理由 4.本实验是否需要求平均值?说明理由	得出结论并进行评估	□ 语言简洁,具有高度的概括性 □ 结论科学,通过导体的电流与导体两端的电压成正比例关系 □ 表述严谨,要明确电阻一定这个前提条件,以及同一研究对象的电流和电压 □ 思考与讨论正确,理由充分、科学 1.包括仪器精确度、测量、读数、计算等多方面带来的误差 2.滑动变阻器的接了两个上接线柱 3.不能;小灯泡的电阻随温度改变而改变 4.不需要;本实验的多次测量,是为了排除实验偶然性,得出普遍规律	后置量表

续表

表现性评价任务		PTA 检核量表		应用范式建议
	评价指标	评分标准与规则（每条标准满分 3 分，请根据真实表现取整数打分，重在弄清得分依据、扣分理由以及如何改进）		
G. 表达与交流	G1. 小组合作：用文字、图表等方式，就探究过程、结果与反思，制作一个交流展示板	小组合作制作展板	□ 展板内容应包括：主题；科学探究提出的科学问题；得出的结论等要素；反思等 □ 展板结构化、清晰地呈现科学探究过程的六个要素，突出控制变量等方法 □ 展板简洁、美观 □ 善于与同伴合作，既能尊重合作者，也能坚持自己的原则	前置量表
	G2. 小组之间，相互随机抽取组员就自己的展板进行解说交流	交流	□ 能简要、清晰、有逻辑地进行表达 □ 能倾听和尊重他人提出的不同观点，并交换意见	前置量表

2.31　影响电磁铁磁性强弱的因素

表现性评价任务	PTA 检核量表		应用范式建议
	评价指标	评分标准与规则（每条标准满分 3 分,请根据真实表现取整数打分,重在弄清得分依据、扣分理由以及如何改进）	
A.观察演示实验,提出可探究的科学问题 (演示实验:告知学生暗箱里有两个电磁铁的电路,观察大头针数目) 	提出问题	□ 表述清晰,且是用带"?"的话语 □ 以演示实验的客观事实为基础 □ 指向"认识与探索电磁铁磁性强弱变化"现象 □ 问题结果暗含电磁铁磁性强弱与线圈匝数、电流大小、铁芯粗细、长短等因素有一定关系 □ 提出其他有价值的科学问题	后置量表
B.提出猜想与假设,并说明理由	提出猜想与假设	□ 能够猜出线圈匝数、电流大小、铁芯粗细等因素 □ 能够建立电磁铁磁性强弱与电流大小、线圈匝数、铁芯粗细等变量之间的关系 □ 陈述的理由是基于观察到的现象、与"电磁"有关的知识和生活经验 □ 陈述的理由要与提出的猜想与假设保持一致	后置量表

续表

表现性评价任务	PTA 检核量表		应用范式建议
	评价指标	评分标准与规则（每条标准满分 3 分，请根据真实表现取整数打分，重在弄清得分依据、扣分理由以及如何改进）	
C.制定探究方案 C1."动脑"和"动手"相结合：一边对 C2 给出的几个问题做系统思考，一边动手画出实验电路图，并简要说明实验步骤	设计实验方案	□ 方案针对"电磁铁磁性强弱跟什么因素有关"或者"电磁铁磁性强弱与线圈匝数有关"或者"电磁铁磁性强弱与电流大小有关"或者"电磁铁磁性强弱与铁芯粗细有关"等 □ 方案准确运用了控制变量、转换等科学思想方法 □ 方案逻辑严密、结构完整 □ 方案具有可操作性 □ 方案具有一定创新性，如电磁铁磁性强弱可通过吸引大头针数目、弹簧测力计读数等加以体现	后生量表
C2.思考并回答如下问题 1.实验研究对象是什么？ 2.如何判断电磁铁磁性强弱？ 3.如何改变电流大小？ 4.为了比较不同电流大小时电磁铁磁性强弱，应如何控制变量？ 5.为了比较不同线圈匝数时电磁铁磁性强弱，应如何控制变量？ 6.为了比较有无铁芯时电磁铁磁性强弱，应如何控制变量？	实验设计思路	□ 回答正确，理由充分、科学 1.电磁铁 2.电磁铁吸引大头针数目等；转换法 3.移动滑动变阻器滑片 4.电磁铁的线圈匝数等相同 5.通过电磁铁的电流大小等相同 6.让通过电磁铁的电流大小、电磁铁的线圈匝数等相同	后生量表

续表

表现性评价任务		评价指标	评分标准与规则 （每条标准满分 3 分，请根据真实表现取整数打分，重在弄清得分依据、扣分理由以及如何改进）	应用范式建议
C.制定探究方案	C3.设计实验数据记录表	设计实验数据记录表	☐ 表格中记录的变量为线圈匝数、电流大小、铁芯粗细、吸引大头针的数目 ☐ 研究电流大小时，表格中至少设计三组实验，记录不同电流大小时电磁铁磁性的强弱 ☐ 研究线圈匝数时，表格中至少设计三组实验，记录不同线圈匝数时电磁铁磁性的强弱 ☐ 研究铁芯粗细时，表格中至少设计三个实验，记录铁芯粗细不同时电磁铁磁性的强弱 ☐ 表头横排为"组别""电流大小（安）"/"线圈匝数（匝）"/"铁芯粗细""吸引大头针数目（个）""电磁铁磁性强弱"，竖排为序号	后置量表
D.实验操作，并记录实验数据 1.研究"电流大小"时： （1）根据下面的电路图连接好实物图 		进行实验与获取数据	☐ 正确连接电路，电流表接线柱连接正确，要求实验前开关断开，滑动变阻器滑片在阻值最大处 ☐ 能够正确读出电流大小 ☐ 能够准确地数出大头针被吸引的数目 ☐ 能在探究"线圈匝数"这一变量时，通过滑动变阻器控制电流大小 ☐ 数据记录真实、及时、完整 ☐ 能够关注与记录实验的"意外"情况	前置量表

续表

表现性评价任务	PTA 检核量表		应用范式建议
	评价指标	评分标准与规则（每条标准满分 3 分,请根据真实表现取整数打分,重在弄清得分依据、扣分理由以及如何改进）	
(2)闭合开关,移动滑动变阻器滑片,记录此时电流表读数,以及电磁铁吸引大头针数目,并重复上述实验 2 次。将实验结果记录在表中 组别 / 电流大小(安) / 吸引大头针数目 / 电磁铁磁性强弱　1　2　3 2.研究"线圈匝数"时: (1)根据下面的电路图连接好实物图。选择 2 个线圈匝数不同的电磁铁串联 (2)闭合开关,观察并记录 2 个电磁铁吸引大头针数目 组别 / 线圈匝数 / 吸引大头针数目 / 电磁铁磁性强弱　1　2	进行实验与获取数据		

表现性评价任务	PTA 检核量表		应用范式建议
	评价指标	评分标准与规则 （每条标准满分 3 分,请根据真实表现取整数打分,重在弄清得分依据、扣分理由以及如何改进）	
E. 比较分析数据,写出你的发现	分析与论证	□ 能够对获得的数据进行重新处理 □ 能够从不同的视角对数据(包括通常认为的无效数据)进行科学分析与解释	后置量表
F. 通过归纳、概括,写出你得到的结论,并评估结论的可靠性	得出结论并进行评估	结论:当线圈匝数等条件相同时,电流越大,电磁铁磁性越强;当电流大小等条件相同时,线圈匝数越多,电磁铁磁性越强 □ 能够用自己语言准确、严谨、概括地描述电磁铁磁性强弱、线圈匝数、电流大小等变量之间的关系 □ 有意识与提出的猜想与假设相联系,能注意到与预期结果不一致的现象,并做出合理解释 □ 能够合理分析实验误差,正确区分误差与错误 □ 除教材中结论之外,有其他的新发现	后置量表

续表

表现性评价任务		PTA 检核量表		应用范式建议
	评价指标	评分标准与规则 （每条标准满分 3 分，请根据真实表现取整数打分，重在弄清得分依据、扣分理由以及如何改进）	

表现性评价任务		评价指标	评分标准与规则	应用范式建议
G. 表达 与 交流	G1.小组合作：用文字、图表等方式，就探究过程、结果与反思，制作一个交流展示板	小组合作制作展板	☐ 展板内容应包括：主题；科学探究提出的科学问题；提出的猜想与假设；得出的结论和评估等要素；反思等 ☐ 展板结构化、清晰地呈现科学探究过程的六个要素，突出控制变量、转换等科学思想方法 ☐ 展板简洁、美观 ☐ 善于与同伴合作，既能尊重合作者，也能坚持自己的原则	前置量表
	G2.小组之间，相互随机抽取组员就自己的展板进行解说交流	交流	☐ 能简要、清晰、有逻辑地进行表达 ☐ 能倾听和尊重他人提出的不同观点，并交换意见	前置量表

2.32 产生电磁感应现象的条件和规律

表现性评价任务	PTA 检核量表		应用范式建议
	评价指标	评分标准与规则 （每条标准满分 3 分,请根据真实表现取整数打分,重在弄清得分依据、扣分理由以及如何改进）	
A. 观察演示实验,提出可探究的科学问题 (演示实验:将包裹好的强磁铁上方平行放置一个软线圈,线圈上接有 LED 小灯泡:①用手按压线圈使其收缩、伸展,小灯泡发光;②停止按压,小灯泡不发光;③移动磁铁,小灯泡发光;④换用磁性更强的磁铁,或加快手按压的速度,小灯泡的亮度更大)	提出问题	☐ 表述清晰,且是用带"?"的话语 ☐ 以演示实验中的客观事实为基础 ☐ 指向"认识与探索电磁感应"的现象 ☐ 问题结果暗含感应电流的产生条件 ☐ 问题结果暗含感应电流的大小与磁场强度、切割速度等有一定关系 ☐ 提出"感应电流的大小与其他条件"关系等科学问题	前置量表
B. 提出猜想与假设,并说明理由	提出猜想与假设	☐ 能够提出感应电流的产生条件有"电路是否闭合、是否切割磁感线(导体运动方向和磁场方向的关系)" ☐ 能够建立"感应电流方向的影响因素有导体的运动方向、磁场方向等" ☐ 陈述的理由是基于观察到的现象、与"磁生电"有关的知识和生活经验 ☐ 陈述的理由要与提出的猜想与假设保持一致	后置量表

续表

| 表现性评价任务 | PTA 检核量表 | | 应用范式建议 |
	评价指标	评分标准与规则 （每条标准满分 3 分,请根据真实表现取整数打分,重在弄清得分依据、扣分理由以及如何改进）	
C.制定探究方案			
C1.请"动脑"和"动手"相结合:一边带着对 C2 给出的几个问题的系统思考,一边动手设计实验电路,并简要说明实验步骤	设计实验方案	☐ 方案针对"感应电流的产生条件"或者"影响感应电流方向的因素"等 ☐ 方案准确运用了控制变量法、转换法等科学思想方法 ☐ 方案逻辑严密、结构完整 ☐ 方案具有可操作性,如为了让灵敏电流表示数的变化更明显,通常选用匝数大的线圈、磁性大的磁铁等 ☐ 方案具有一定创新性	前生量表
C2.思考并回答如下问题 1.实验研究的对象是什么? 2.要探究感应电流的产生条件,线圈的运动方向需要设计哪几次? 3.是否需要移动磁体,重复实验? 4.如何比较感应电流的大小? 5.如何判断感应电流的方向是否发生改变?	实验设计思路	☐ 回答正确,理由充分、科学 1.线圈 2.3 次:平行于磁场、垂直于磁场、平行于导线 3.不需要:磁体运动和线圈运动具有相对性,实验重复无意义 4.对比灵敏电流计的指针最大偏转角度 5.观察灵敏电流计的指针偏转方向	前生量表
C3.设计实验现象记录表	设计实验数据记录表	☐ 表格中记录的实验条件包括:导体在磁场中静止,导体在磁场中作"平行于磁场、垂直于磁场、平行于导线"的三次运动等情况 ☐ 表 1 表头横排为"导体运动情况""指针是否偏转""是否有电流产生";竖排为"沿导线运动""沿磁场方向""垂直于磁场方向" ☐ 表 2 表头横排为"实验次数""指针偏转方向""磁场方向""切割方向",竖排为"1、2、3"	后置量表

表现性评价任务	PTA 检核量表		应用范式建议
	评价指标	评分标准与规则 （每条标准满分 3 分，请根据真实表现取整数打分，重在弄清得分依据、扣分理由以及如何改进）	
D. 实验操作，并记录实验数据 1. 按下图连接电路，即将线圈、开关和灵敏电流表串联成一个闭合回路 2. 将线圈的一侧放入蹄形磁体的磁场中并保持静止，闭合开关 （1）观察电流表指针是否偏转 （2）换用磁性更强的蹄形磁体重复实验 （3）换用匝数更多的线圈重复实验 3. 将线圈的一侧放入蹄形磁体的磁场中，闭合开关 （1）让导线在磁场中做垂直于磁场方向的来回运动，观察电流表指针是否偏转 （2）让导线在磁场中做平行于磁场方向的来回运动，观察电流表指针是否偏转 （3）让导线在磁场中做平行于导线方向的来回运动，观察电流表指针是否偏转	进行实验与获取数据	□ 规范连接电路 □ 能够科学地观察导体在磁场中静止时电流表指针的偏转情况，并记录 □ 能够科学地观察导体在磁体中作"平行于磁场、垂直于磁场、平行于导线"运动时电流表指针的偏转情况，并记录 □ 能够通过观察实验，得出产生感应电流的相关规律 □ 现象记录真实、及时、完整 □ 能够关注与记录实验中的"意外"情况，如"整个线圈均在磁场中运动，导致灵敏电流计的指针不偏转"等	前置量表

续表

表现性评价任务	PTA 检核量表		应用范式建议
	评价指标	评分标准与规则 （每条标准满分 3 分,请根据真实表现取整数打分,重在弄清得分依据、扣分理由以及如何改进）	
E. 比较分析数据,写出你的发现	分析与论证	□ 能够对获得的数据进行重新处理 □ 能够从不同的视角对数据(包括通常认为的无效数据)进行科学分析与解释	后置量表
F. 通过归纳、概括,写出你得到的结论,并思考与讨论如下问题 1. 在上述实验过程中,若将整个线圈切割磁感线,可能观察到什么现象? 2. 若线圈与磁铁以同一速度做同向运动,则电流表的指针是否摆动?为什么? 3. 在电磁感应中能量是如何转化的?	得出结论并进行评估	□ 能够用自己语言准确、严谨、概括地描述感应电流产生的条件,感应电流的方向跟导体的运动方向和磁场方向有关 □ 有意识与"感应电流的产生条件和方向与磁场和运动方向等有关"相联系,能注意到与预期结果不一致的现象,并做出合理解释 □ 能够合理分析实验误差,正确区分误差与错误 □ 除教材中结论之外,能有其他的新发现,如感应电流大小的影响因素等 □ 思考与讨论回答正确,理由充分、科学 1. 无明显现象 2. 不会;因为此时磁体和线圈是相对静止的,线圈没有做切割磁感线运动 3. 机械能转化成了电能	后置量表

续表

表现性评价任务		PTA 检核量表		应用范式建议
		评价指标	评分标准与规则 （每条标准满分 3 分,请根据真实表现取整数打分,重在弄清得分依据、扣分理由以及如何改进）	
G. 表达 与 交流	G1. 小组合作:用文字、图表等方式,就探究过程、结果与反思,制作一个交流展示板	小组合作制作展板	☐ 展板内容应包括:主题;科学探究提出的科学问题;提出的猜想与假设;得出的结论和评估等要素;反思等 ☐ 展板结构化、清晰地呈现科学探究过程的六个要素,突出控制变量、转换等科学思想方法 ☐ 展板简洁、美观 ☐ 善于与同伴合作,既能尊重合作者,也能坚持自己的原则	前置量表
	G2. 小组之间,相互随机抽取组员就自己的展板进行解说交流	交流	☐ 能简要、清晰、有逻辑地表达展板内容 ☐ 能倾听和尊重他人提出的不同观点,并交换意见	前置量表

◇ **物质科学(化学)**

2.33　影响物质溶解性的因素

表现性评价任务	PTA 检核量表		应用范式建议
	评价指标	评分标准与规则 (每条标准满分 3 分,请根据真实表现取整数打分,重在弄清得分依据、扣分理由以及如何改进)	
A. 观看视频,根据研究内容,提出可探究的科学问题 (视频内容聚焦:高锰酸钾易溶于水、泥沙难溶于水、蔗糖和食盐在等质量水中溶解情况、食盐在食用油中溶解情况)	提出问题	☐ 表述清晰,且是用带"?"的话语 ☐ 以视频中的客观事实为基础,提出正确的自变量:溶质和溶剂种类 ☐ 指向体现不同物质在不同条件下,在不同溶剂中溶解性不同的生活现象的变量思想 ☐ 问题和结果指向能够影响物质溶解性的因素 ☐ 提出其他有价值的科学问题	后置量表
B. 提出猜想与假设,并说明理由	提出猜想与假设	☐ 能够指出"温度""溶剂种类"这两个影响因素 ☐ 能够建立温度高低、溶剂种类、溶质质量大小等变量之间的关系 ☐ 陈述的理由是基于观察到的生活或者视频现象、分子动理论等科学知识 ☐ 陈述的理由要与提出的猜想与假设保持一致	后置量表

表现性评价任务		PTA 检核量表		应用范式建议
		评价指标	评分标准与规则（每条标准满分 3 分,请根据真实表现取整数打分,重在弄清得分依据、扣分理由以及如何改进）	
C.制定探究方案	C1."动脑"和"动手"相结合:一边带着对 C2 给出的几个问题做系统思考,一边根据所提供的药品和器材,动手设计实验方案,并简要绘出实验简图,说明实验步骤（实验材料:硫酸铜晶体、蒸馏水、酒精、玻璃棒、烧杯）	设计实验方案	□ 方案针对"物质溶解性强弱跟什么因素有关"或者"溶质溶解性强弱跟温度(或溶剂种类)什么关系"等 □ 方案准确运用了控制变量等科学思想方法 □ 方案逻辑严密、结构完整 □ 方案具有可操作性 □ 方案具有一定创新性,如能体现如何比较物质溶解性的强弱、如何控制判断饱和状态等	后生量表
	C2.思考并回答如下问题: 1.实验研究的对象是什么? 2.如何改变温度的高低和溶剂种类? 3.如何比较硫酸铜在不同条件下的溶解性强弱? 4.为了比较温度对硫酸铜溶解性的影响,除了使溶剂种类相同外还要控制什么因素?	实验设计思路	□ 回答正确,理由充分、科学 1.硫酸铜晶体的溶解性强弱 2.是否用酒精灯加热;选择酒精和水两种溶剂 3.硫酸铜晶体在等质量的溶剂中,达到饱和时所能溶解的最大质量 4.应使加入溶剂的质量都相同	后生量表
	C3.设计实验数据记录表	设计实验数据记录表	□ 表格中记录的变量应包括溶剂的种类、温度(是否用酒精灯加热)、溶剂的质量、加入的 50 克硫酸铜晶体是否都溶解等 □ 需要进行 4 次实验 □ 表头横排为"溶剂种类""溶剂质量""温度""50 克硫酸铜晶体是否溶解",竖排为实验序号	后置量表

续表

表现性评价任务	PTA 检核量表		应用范式建议
	评价指标	评分标准与规则 （每条标准满分 3 分，请根据真实表现取整数打分，重在弄清得分依据、扣分理由以及如何改进）	
D.实验操作，并记录实验数据 实验操作步骤： 1.分别取 3 个相同的 200 毫升小烧杯，记为 A、B、C 三组 2.向 3 个烧杯中分别加入 50 毫升溶剂 A 蒸馏水、B 蒸馏水和 C 酒精，然后分别加入 50 克硫酸铜晶体 3.A 组用酒精灯加热，B 和 C 组放在常温下，均用玻璃棒进行充分搅拌 4.一段时间后，观察 A、B、C 三个烧杯中剩余晶体的多少	进行实验与获取证据	□ 规范固体药品的取用、用玻璃棒进行溶解搅拌操作、液体量取等 □ 对小烧杯进行编号 □ 注意控制无关变量使其相同 □ 正确使用酒精灯进行实验 □ 正确使用玻璃棒进行实验 □ 能科学、真实记录剩余晶体的多少 □ 实验记录真实、及时、完整 □ 能够关注与记录实验中的"意外"情况	前置量表
E.比较数据，写出你的发现	分析与论证	□ 能够对获得的数据进行重新处理 □ 能够从不同的视角对数据(包括通常认为的无效数据)进行科学分析与解释	后置量表
F.通过归纳、概括，写出你得到的结论，并评估结论的可靠性	得出结论并进行评估	□ 能够用自己的语言正确描述"温度"、"溶剂种类"和"溶解性"之间的关系 □ 有意识与提出的猜想与假设相联系，能注意到与预期结果不一致的现象，并做出合理解释 □ 能够合理分析实验误差，正确区分误差与错误 □ 除教材中结论之外，有其他的新发现	后置量表

续表

表现性评价任务		PTA 检核量表		应用范式建议
		评价指标	评分标准与规则（每条标准满分 3 分,请根据真实表现取整数打分,重在弄清得分依据、扣分理由以及如何改进）	
G.表达与交流	G1.小组合作:用文字、图表等方式,就探究过程与结果,制作一个交流展示板	小组合作制作展板	□ 展板内容应包括:主题;提出科学问题、提出猜想与假设、设计实验方案、数据记录、分析数据、得出结论并进行评估等要素;反思等 □ 展板结构化、清晰地呈现科学探究过程的六个要素,突出控制变量、转换等科学思想方法 □ 展板简洁、美观 □ 善于与同伴合作,既能尊重合作者,也能坚持自己的原则	前置量表
	G2.小组之间,相互随机抽取组员就自己的展板进行解说交流	交流	□ 能简要、清晰、有逻辑地表达展板内容 □ 能倾听和尊重他人提出的不同观点,并交换意见	前置量表

2.34 土壤中空气体积分数的测定

表现性评价任务	PTA 检核量表		应用范式建议
	评价指标	评分标准与规则（每条标准满分 3 分,请根据真实表现取整数打分,重在弄清得分依据、扣分理由以及如何改进）	
A. 观看视频,提出可探究的科学问题 （视频内容聚焦:蚯蚓在大雨过后从土壤中爬出来,且不同的土壤中所爬出蚯蚓的数量不同）	提出问题	□ 表述清晰,且是用带"?"的话语 □ 以视频中的客观事实为基础 □ 指向"认识与探索土壤中有空气"的现象 □ 问题结果暗含"土壤中含有一定体积的空气" □ 提出其他有价值的科学问题	后置量表
B. 提出猜想与假设,并说明理由	提出猜想与假设	□ 能够结合生物可以在土壤中生存,提出土壤中含有一定量的空气 □ 能够建立"土壤中含有一定量的空气"的猜想 □ 陈述的理由是基于观察到的现象、与"土壤中有空气"有关的知识和生活经验 □ 陈述的理由要与提出的猜想与假设保持一致	后置量表

续表

表现性评价任务		PTA 检核量表		应用范式建议
		评价指标	评分标准与规则 （每条标准满分 3 分,请根据真实表现取整数打分,重在弄清得分依据、扣分理由以及如何改进）	
C.制定探究方案	C1."动脑"和"动手"相结合:一边对 C2 给出的几个问题做系统思考,一边动手用简图画出实验方案,并简要说明实验步骤	设计实验方案	□ 方案针对"土壤块中空气体积的测定方法" □ 方案准确运用了转换、控制变量等科学思想方法 □ 方案逻辑严密、结构完整 □ 方案具有可操作性 □ 方案具有一定创新性	后生量表
	C2.思考并回答如下问题 1. 实验需要测量的量是什么? 2. 如何准确测量土壤中空气的体积? 3. 为什么不能将排水法测小石块的方法迁移到本实验? 4. 为什么需要铁块进行对比? 5. 本实验是否可以通过其他方法进行测量? 6. 土壤中空气的体积分数可用什么表达式计算?	实验设计思路	□ 回答正确,理由充分、科学 1. 土壤块的体积和土壤块中空气的体积 2. 理想状态下,在土壤块内部恰好填充水分,至满的同时水不流出土壤块(土壤块取的体积和容器体积相等,例如用环刀取土壤块) 3. 土壤中含有空气,同时注入的水会从土壤块中流失 4. 铁块中不含空气,可以形成对比 5. 还可以使用滴水法(用环刀取土壤块,然后取 100 毫升水,用胶头滴管滴入土壤中,直至水无法滴入时记录量筒内剩余水的体积,求得空气的体积) 6. $V_{空气}\% = (V_{空气})/(V_{土壤})$	后生量表

续表

表现性评价任务		PTA 检核量表		应用范式建议
	评价指标	评分标准与规则（每条标准满分 3 分,请根据真实表现取整数打分,重在弄清得分依据、扣分理由以及如何改进）		
C. 制定探究方案	C3. 设计实验数据记录表	设计实验数据记录表	☐ 表格中记录的量为土壤的体积、加入的水的体积、水和土壤的总体积、土壤中空气的体积、体积分数的计算 ☐ 表头横排为"物体体积""加入的水的体积""水和土壤的总体积""空气的体积""土壤中空气的体积分数";纵排为物质的种类及编号	后置量表
D. 实验操作,并记录实验数据 1. 切一块边长为 5 厘米的土壤块 2. 在 500 毫升的烧杯中放入土壤块,用 100 毫升的量筒取水 100 毫升,并沿烧杯壁缓缓倒入水(若 100 毫升不够,再取 100 毫升),直到水能够完全浸没土壤块,并记录此时的总倒水量(在烧杯上画一条线做记号) 3. 在另一个相同的烧杯(烧杯 B)中放入等体积的铁块(橡皮块),在烧杯 B 上画一条与烧杯 A 等高的记号,用 100 毫升的量筒取水 100 毫升,并沿烧杯壁缓缓倒入水,直到水能够完全浸没金属块,将量筒中的水倒入烧杯直至与记号线齐平,并记录此时的总倒水量 4. 计算土壤中空气的体积分数	进行实验与获取数据	☐ 规范使用量筒、胶头滴管 ☐ 能合理判断何时已将全部的空气排尽 ☐ 能够正确读取液体体积 ☐ 加水时既轻且慢,防止土壤塌陷 ☐ 加水至快淹没土块时,改用胶头滴管 ☐ 能够准确求得多次读取数据的均值,减少测量误差 ☐ 数据记录真实、及时、完整 ☐ 能够关注与记录实验中的"意外"情况		前置量表
E. 比较分析数据,写出你的发现	分析与论证	☐ 能够对获得的数据进行重新处理 ☐ 能够从不同的视角对数据(包括通常认为的无效数据)进行科学分析与解释		后置量表

续表

表现性评价任务	PTA 检核量表		应用范式建议
	评价指标	评分标准与规则（每条标准满分 3 分，请根据真实表现取整数打分，重在弄清得分依据、扣分理由以及如何改进）	
F.通过归纳、概括，写出你得到的结论，并思考与讨论如下问题： 1.土壤取样存在怎样的问题？ 2.实验中哪些问题容易导致实验失败？ 3.分析讨论实验中的误差以及如何减小实验中的误差？	得出结论并进行评估	□ 能够用自己的语言准确、严谨、概括地描述土壤中空气体积分数的测定过程，以及得出正确的表达式 □ 有意识与提出的猜想与假设相联系，能注意到与预期结果不一致的现象，并做出合理解释 □ 思考与讨论正确，理由充分、科学 1.土壤体积容易被压缩，且土壤的形状不规则导致体积测量误差大 2.实验中土壤块易因倒入水而塌陷；土壤块会因受到过分挤压导致空气体积发生变化 3.合理选择合适的量筒、记号线尽量画细一些；土壤块不要压得过紧	后置量表
G. 表达 与 交流 — G1.小组合作：用文字、图表等方式，就探究过程、结果与反思，制作一个交流展示板	小组合作制作展板	□ 展板内容应包括：主题；提出科学问题、提出的猜想与假设；得出的结论和评估等要素；反思等 □ 展板结构化、清晰地呈现科学探究过程的六个要素，突出转换等科学思想方法 □ 展板简洁、美观 □ 善于与同伴合作，既能尊重合作者，也能坚持自己的原则	前置量表
G2.小组之间，相互随机抽取组员就自己的展板进行解说交流	交流	□ 能简要、清晰、有逻辑地表达展板内容 □ 能倾听和尊重他人提出的不同观点，并交换意见	前置量表

2.35　氧气的性质

表现性评价任务	PTA 检核量表		应用范式建议
	评价指标	评分标准与规则（每条标准满分 3 分，请根据真实表现取整数打分，重在弄清得分依据、扣分理由以及如何改进）	
A. 阅读材料，提出可探究的科学问题 ［材料信息：空气中含有很多种成分，拉瓦锡通过实验证明空气中氧气体积约占 1/5。现要利用高锰酸钾在实验室制备氧气，以研究氧气的性质。提供的实验器材：大试管、单孔橡皮塞、橡皮管、玻璃导管、集气瓶（125 毫升）、水槽、铁架台（带铁夹）、坩埚钳、酒精灯、玻璃片、火柴、木炭、铁丝、棉花、澄清石灰水、高锰酸钾］	提出问题	□ 表述清晰，且是用带"?"的话语 □ 以材料中的实验器材为依据 □ 能基于生活中的现象，指向氧气的某些物理性质和化学性质 □ 问题结果暗含一定的化学假说 □ 提出其他有价值的科学问题	后置量表
B. 提出猜想与假设，并说明理由	提出猜想与假设	□ 能够提出猜想与假设 □ 陈述的理由是依据观察到的现象、学过的科学知识、生活经验等 □ 陈述的理由要与提出的猜想和假设保持一致	后置量表

续表

表现性评价任务		PTA 检核量表		应用范式建议
		评价指标	评分标准与规则 （每条标准满分 3 分，请根据真实表现取整数打分，重在弄清得分依据、扣分理由以及如何改进）	
C.制定探究方案	C1."动脑"和"动手"相结合：一边对 C2 给出的几个问题做系统思考，一边动手用简图画出实验方案，并简要说明实验步骤	设计实验方案	☐ 针对探究问题与假设 ☐ 准确运用了科学思想方法 ☐ 结构完整、逻辑严密 ☐ 具有可操作性 ☐ 具有一定创新性，如对教材中的实验设计进行合理改进、提出一些新想法等	后生量表
	C2.思考并回答如下问题 1.氧气的物理性质有哪些？如何探究？ 2.从生活经验可知氧气可能具有哪些化学性质？应如何探究？ 3.盛装氧气的集气瓶怎么放置？ 4.如何引燃木炭？ 5.如何引燃铁丝？ 6.已知铁丝在氧气中会剧烈燃烧，从安全角度考虑，在点燃铁丝前，需要在集气瓶中做何准备？ 7.如何检验木炭燃烧的产物？	实验设计思路	☐ 回答正确，理由充分、科学 1.氧气的物理性质包括颜色、气味、状态、密度与空气相比的大小情况、溶解性等；可以通过直接观察、闻气味和收集氧气等方式探究 2.氧气能支持呼吸、支持燃烧。可以用常见的不同物质在氧气中是否燃烧及燃烧的现象进行探究 3.氧气的密度比空气大，集气瓶要正放 4.木炭要在酒精灯上点燃，然后将发红光的木炭伸入装有氧气的集气瓶中 5.将铁丝一端缠绕火柴，先点燃火柴，再放入盛有氧气的集气瓶中，引燃铁丝 6.在集气瓶的底部留少量水或加入一层细沙 7.往燃烧后的集气瓶中加入少量澄清石灰水，盖好玻璃片振荡	后生量表
	C3.设计实验数据记录表	设计实验数据记录表	☐ 表格中记录的氧气性质应包括氧气的物理性质和化学性质 ☐ 表头横排为"相关现象描述"	后置量表

续表

表现性评价任务	PTA 检核量表		应用范式建议
	评价指标	评分标准与规则 （每条标准满分 3 分,请根据真实表现取整数打分,重在弄清得分依据、扣分理由以及如何改进）	
D.实验操作,并记录实验数据 1.探究氧气的物理性质 2.探究氧气的化学性质 　(1)将木炭置于氧气中燃烧,观察现象 　(2)将铁丝置于氧气中燃烧,观察现象	进行实验与获取数据	□ 观察氧气的颜色,并扇闻气味 □ 将一带火星的小木条伸入盛有氧气的集气瓶内,检验收集到的气体是否是氧气 □ 能正确使用镊子点燃木炭并使用澄清石灰水检验产物,准确记录实验现象 □ 能正确将铁丝缠绕,引燃铁丝,观察并记录实验现象	前置量表
E.比较分析数据,写出你对氧气性质的发现	分析与论证	□ 能够对获得的数据进行重新处理 □ 能够从不同的视角对数据(包括通常认为的无效数据)进行科学分析与解释	后置量表
F.通过归纳、概括,写出你得到的结论,并思考与讨论如下问题 1.为什么木炭和铁丝的点燃方法是不一样的? 2.为什么铁丝要绕成螺旋状? 3.为什么在做铁燃烧实验时,要在集气瓶底留少量的水 4.木炭和铁丝分别在空气和氧气中燃烧时,为什么现象不同?	得出结论并进行评估	□ 能够用自己的语言,准确、严谨、概括地描述实验现象及对实验结论进行描述 □ 有意识与提出的猜想与假设相联系,能注意到与预期结果不一致的现象,并做出合理解释 □ 能够合理分析实验误差,正确区分误差与错误 □ 除教材中结论之外,能有其他的新发现 □ 思考与讨论正确,理由充分、科学 1.两种物质的着火点不同,与氧气反应的难易程度不同,化学性质不同 2.利于热量集中,也增大铁丝与氧气的接触面积 3.防止高温的熔融物落入集气瓶底使其炸裂 4.氧气的浓度越大,物质在氧气中燃烧得越剧烈	后置量表

续表

表现性评价任务	PTA 检核量表		应用范式建议
	评价指标	评分标准与规则 （每条标准满分 3 分,请根据真实表现取整数打分,重在弄清得分依据、扣分理由以及如何改进）	
G. 表达 与 交流			
G1.小组合作:用文字、图表等方式,就制取氧气的过程及探究氧气性质的过程,制作一个交流展示板	小组合作制作展板	□ 展板内容完整,应包括主题、科学探究各要素、反思等 □ 展板结构化、清晰地呈现科学探究过程的六个要素,突出根据现象得出结论及实验过程中的注意事项 □ 展板简洁、美观 □ 善于与同伴合作,既能尊重合作者,也能坚持自己的原则	前置量表
G2.小组之间,相互随机抽取组员就自己的展板进行解说交流	交流	□ 能简要、清晰、有逻辑地表达展板内容 □ 能倾听和尊重他人提出的不同观点,并交换意见	前置量表

2.36 氧气的实验室制法

表现性评价任务		PTA 检核量表		应用范式建议
		评价指标	评分标准与规则（每条标准满分 3 分,请根据真实表现取整数打分,重在弄清得分依据、扣分理由以及如何改进）	
C.制定探究方案	C1."动脑"和"动手"相结合:一边对 C2 给出的几个问题做系统思考,一边根据所提供的实验材料,设计合适的实验方案制取两瓶氧气,用简图画出,并简要说明实验步骤 [提供的实验器材:大试管、单孔橡皮塞、橡皮管、玻璃导管、集气瓶、水槽、铁架台(带铁夹)、酒精灯、玻璃片、棉花、高锰酸钾]	设计实验方案	☐ 针对探究问题与假设 ☐ 准确运用了科学思想方法 ☐ 结构完整、逻辑严密 ☐ 具有可操作性 ☐ 具有一定创新性,如对教材中的实验设计进行合理改进、提出一些新想法等	后生量表
	C2.思考并回答如下问题 1.实验室以高锰酸钾为原料制取氧气的反应原理是什么? 2.实验室制取氧气的发生装置有哪些注意事项? 3.制备时试管口为什么要略向下倾斜? 4.试管内导管口为什么要放一团棉花? 5.可以采用几种方法收集氧气? 为什么? 6.使用排水法收集氧气时,应何时开始收集氧气? 7.收集完氧气后的操作是怎样的? 为什么?	实验设计思路	☐ 回答正确,理由充分、科学 1.$2KMnO_4 \xrightarrow{\Delta} K_2MnO_4 + MnO_2 + O_2 \uparrow$ 2.铁夹夹持在在离试管口约 1/3 处;试管口要略向下倾斜;导管应伸入试管口处,不能太靠里面且要放一团棉花 3.防止冷凝水倒流使试管炸裂 4.防止试管内的固体粉末随氧气进入导管 5.排水法,利用氧气不易溶于水的性质;向上排空气法,利用氧气密度略大于空气的性质 6.观察到导管口有连续、均匀的气泡冒出后再将导管伸入集气瓶内进行收集 7.先将导管从水槽中移出,再熄灭酒精灯;防止水倒吸入试管中,炸裂试管	后生量表

续表

表现性评价任务	PTA 检核量表		应用范式建议
	评价指标	评分标准与规则（每条标准满分 3 分，请根据真实表现取整数打分，重在弄清得分依据、扣分理由以及如何改进）	
D.实验操作,并记录实验数据 1.检查装置的气密性 2.固体药品的取用、装置的组装正确 3.开始实验,收集气体 4.停止实验,整理器材	进行实验与获取数据	□ 检查气密性方法正确 如图所示,把导管口的下端浸入水中,用双手紧握试管。如果观察到导管口有气泡冒出,松开手后,导管口形成一段水柱,证明装置不漏气。如果没有气泡冒出,就说明装置漏气,应仔细查找原因,并改正 □ 固体药品的取用,装置的组装正确 1.如图所示,把仪器组装好,在试管中装入约两药匙高锰酸钾,并把一团棉花放在试管口,用带导管的橡皮塞塞紧管口,使试管口略向下倾斜,固定在铁架台上 2.来回移动酒精灯,使试管受热均匀后将火焰集中在药品处加热。当气泡连续、均匀地放出后,再把导管口伸入盛满水的集气瓶里,收集气体 3.收集完氧气后先移出导管,再熄灭酒精灯	前置量表

续表

表现性评价任务	PTA 检核量表		应用范式建议
	评价指标	评分标准与规则 (每条标准满分 3 分,请根据真实表现取整数打分,重在弄清得分依据、扣分理由以及如何改进)	
E.比较分析数据 1.为什么会出现下列现象?应如何避免? 　(1)点燃酒精灯后,立即将火焰集中在试管内的药品部位加热,不久试管发生破裂 　(2)在用排水法收集氧气的过程中,水槽内的水变成了紫红色 　(3)将带火星的木条伸入收集的氧气中,发现木条没有复燃 2.教科书上用过氧化氢制取氧气和本实验中制取氧气的实验方法有什么不同?尝试对两种实验方法进行对比	分析与论证	□ 回答正确,理由充分、科学 1.(1)集中加热前没有对试管进行预热,导致试管受热不均匀而破裂 　(2)试管口没有放一团棉花,导致固体粉末随氧气进入导管 　(3)收集氧气时没有等到气泡连续、均匀地放出,而是一开始就收集,收集的氧气不纯 2.因为反应物的状态和反应条件不同,所以发生装置不同	后置量表
F.通过归纳、概括,写出你得到的结论,并评估结论的可靠性	得出结论并进行评估	□ 结论能够准确、严谨、概括地描述变量之间的关系 □ 有意识与提出的猜想与假设相对照,能注意到与预期结果不一致的现象,并做出合理解释 □ 能够合理分析实验误差,正确区分误差与错误 □ 除教材中的结论之外,力求能有其他的新发现	后置量表

续表

表现性评价任务		PTA 检核量表		应用范式建议
		评价指标	评分标准与规则（每条标准满分 3 分,请根据真实表现取整数打分,重在弄清得分依据、扣分理由以及如何改进）	
G.表达与交流	G1.小组合作:用文字、图表等方式,就制取氧气的过程及探究氧气性质的过程,制作一个交流展示板	小组合作制作展板	□ 展板内容完整,应包括主题、科学探究各要素、反思等 □ 展板结构化、清晰地呈现科学探究过程的六个要素,突出根据现象得出结论及实验过程中的注意事项 □ 展板简洁、美观 □ 善于与同伴合作,既能尊重合作者,也能坚持自己的原则	前置量表
	G2.小组之间,相互随机抽取组员就自己的展板进行解说交流	交流	□ 能简要、清晰、有逻辑地表达展板内容 □ 能倾听和尊重他人提出的不同观点,并交换意见	前置量表

2.37 紫色石蕊变红色的原因

表现性评价任务	PTA 检核量表		应用范式建议
	评价指标	评分标准与规则 （每条标准满分 3 分,请根据真实表现取整数打分,重在弄清楚得分依据、扣分理由以及如何改进）	
A.观察演示实验,提出可探究的科学问题 (演示实验:将二氧化碳通入放了湿润的紫色石蕊小花的容器中,观察实验现象,湿润的紫色石蕊小花变红色。给出背景资料:干燥的紫色石蕊小花遇干燥的二氧化碳不变色)	提出问题	☐ 表述清晰,且是用带"?"的话语 ☐ 以实验中的客观事实为基础 ☐ 指向"二氧化碳通入湿润的紫色石蕊小花变红色"的现象 ☐ 问题结果暗含"二氧化碳能与水发生反应" ☐ 提出其他有价值的科学问题	后置量表
B.提出猜想与假设,并说明理由	提出猜想与假设	☐ 能够猜出"二氧化碳和水发生了反应"这一因素 ☐ 能够建立"二氧化碳和水反应产生了新物质(一种酸)使紫色石蕊变色"的关系 ☐ 陈述的理由是基于观察到的现象,与"酸能使紫色石蕊变色"有关的知识 ☐ 陈述的理由要与提出的猜想与假设保持一致	后置量表

续表

表现性评价任务	PTA 检核量表		应用范式建议
	评价指标	评分标准与规则 （每条标准满分 3 分，请根据真实表现取整数打分，重在弄清得分依据、扣分理由以及如何改进）	
C. 制定探究方案 C1."动脑"和"动手"相结合：一边对 C2 给出的几个问题做系统思考，一边根据所提供的器材，用简图画出实验方案，并简要说明实验步骤（实验材料：二氧化碳气体、干燥紫色石蕊小花 2 朵、胶头滴管、浓硫酸、洗气瓶、锥形瓶、导管等）	设计实验方案	□ 方案针对"二氧化碳不能使干燥的紫色石蕊小花变色"和"二氧化碳能使湿润的紫色石蕊小花变色" □ 方案准确运用了控制变量、转换法等科学思想方法 □ 方案逻辑严密、结构完整 □ 方案具有可操作性 □ 方案具有一定创新性，如对教材中的实验设计进行合理改进、提出一些新想法等	后生量表
C2.思考并回答如下问题 1.实验的变量是什么？如何控制？ 2.如何干燥二氧化碳？	实验设计思路	□ 回答正确，理由充分、科学 1.水；控制紫色石蕊小花的湿润和干燥 2.二氧化碳通入装有浓硫酸的洗气瓶	后生量表
C3.设计实验数据记录表	设计实验数据记录表	□ 记录的内容为两朵小花的变色情况 □ 表格中记录的变量为湿润的紫色石蕊小花和干燥的紫色石蕊小花	后置量表

续表

表现性评价任务	PTA 检核量表		应用范式建议
	评价指标	评分标准与规则 （每条标准满分 3 分,请根据真实表现取整数打分,重在弄清得分依据、扣分理由以及如何改进）	
D.实验操作,并记录实验现象 1.制备湿润的紫色石蕊小花 2.连接装置,检查装置气密性 3.合理放置紫色石蕊小花,通入二氧化碳气体 4.观察并记录现象	进行实验与获取数据	 ☐ 规范连接装置 ☐ 正确检查装置气密性 ☐ 正确使用胶头滴管 ☐ 正确制备湿润紫色石蕊小花 ☐ 合理干燥二氧化碳气体 ☐ 合理放置两朵紫色石蕊小花 ☐ 记录的步骤和现象真实、及时、完整 ☐ 能够关注与记录实验中的"意外"情况 ☐ 能对实验进行创新	前置量表
E.比较分析数据,思考本实验中真正使紫色石蕊小花变色的物质是什么?请说明理由	分析与论证	碳酸。因为干燥二氧化碳不能使石蕊变色,水也不能使石蕊变色,但是二氧化碳可以使紫色石蕊小花变色,说明生成了新物质 ☐ 能够对获得的数据进行重新处理 ☐ 能够从不同的视角对数据(包括通常认为的无效数据)进行科学分析与解释	后置量表

表现性评价任务		PTA 检核量表		应用范式建议
		评价指标	评分标准与规则（每条标准满分 3 分,请根据真实表现取整数打分,重在弄清得分依据、扣分理由以及如何改进）	
F. 通过归纳、概括,写出你得到的结论以及与之对应的化学方程式,并评估结论的可靠性		得出结论并进行评估	☐ 能够用自己语言准确、严谨、概括地描述不是二氧化碳使紫色石蕊变色(即二氧化碳不具有酸性),而是二氧化碳和水反应生成了碳酸,具有酸性,使紫色石蕊变色 ☐ 正确写出二氧化碳与水反应的化学方程式 ☐ 有意识与提出的猜想与假设相联系,能注意到与预期结果不一致的现象,并做出合理解释 ☐ 能够合理分析实验误差,正确区分误差与错误 ☐ 除教材中结论之外,能有其他的新发现	后置量表
G. 表达与交流	G1. 小组合作:用文字、图表等方式,就探究过程、结果与反思,制作一个交流展示板	小组合作制作展板	☐ 展板内容应包括:主题;提出的科学问题、提出的猜想与假设、得出的结论和评估等要素;反思等 ☐ 展板结构化、清晰地呈现科学探究过程的六个要素,突出控制变量、设置对照、转换法等科学思想方法 ☐ 展板简洁、美观 ☐ 善于与同伴合作,既能尊重合作者,也能坚持自己的原则	前置量表
	G2. 小组之间,相互随机抽取组员就自己的展板进行解说交流	交流	☐ 能简要、清晰、有逻辑地表达展板内容 ☐ 能倾听和尊重他人提出的不同观点,并交换意见	前置量表

2.38　质量守恒定律

表现性评价任务	PTA 检核量表		应用范式建议
	评价指标	评分标准与规则 （每条标准满分 3 分，请根据真实表现取整数打分，重在弄清得分依据、扣分理由以及如何改进）	
A.请仔细观察如下两幅图片，根据图片和文字信息，提出值得探究的科学问题 （观察图片：木头燃烧后变成了灰烬，质量减少了；蜡烛燃烧后质量几乎为零。于是有人认为，燃烧后物质的质量将变少） 	观察提出问题	□ 关注到物质燃烧、质量减少、物质真的是否会消失等信息 □ 发现物质燃烧前的质量与燃烧后的质量应该存在一定的关系 □ 表述清晰，且是用带"?"的话语 □ 以图片和文字信息为基础 □ 指向"认识与探索物质的质量变化" □ 问题结果暗含着化学反应前后物质的质量关系 □ 提出多个有价值的科学问题	后置量表
B.提出猜想与假设，并说明理由	提出猜想与假设	□ 能够猜测物质燃烧前的质量与燃烧后的质量存在一定的关系 □ 陈述的理由是依据观察到的现象以及其他有关的知识和生活经验 □ 陈述的理由与提出的猜想与假设保持一致	后置量表

续表

表现性评价任务	PTA 检核量表		应用范式建议
	评价指标	评分标准与规则 （每条标准满分 3 分，请根据真实表现取整数打分，重在弄清得分依据、扣分理由以及如何改进）	
C. 制定探究方案	C1.根据提供的反应式用简图画出实验方案，并简要说明实验步骤 （$P+O_2 \xrightarrow{点燃} P_2O_5$ $Fe+CuSO_4 \longrightarrow Cu+FeSO_4$）	设计实验方案	□ 选用适切的实验仪器与药品 □ 能够精确测量反应前各物质的质量总和与反应后各物质的质量总和 □ 符合实验安全要求与操作规范 □ 方案具有可操作性	后生量表
	C2.思考并回答如下问题 1.如何精确测量反应前后的物质质量？ 2.怎样使反应发生？在哪里发生？ 3.需要哪些仪器、药品？ 4.实验设计中还有哪些需要注意的问题？	实验设计思路	□ 回答正确，理由充分、科学 1.用托盘天平测量反应前后的物质质量 2.磷燃烧需要用烧红的玻璃棒引燃，铁钉表面要用砂纸打磨干净；实验要在密闭容器中进行 3.实验仪器和药品：托盘天平、带橡胶塞的锥形瓶、气球、玻璃管、细沙、白磷、铁钉、硫酸铜溶液 4.托盘天平的使用、药品的取用等要安全和规范操作	后生量表
	C3.设计实验数据记录表，并简要说明	设计实验数据记录表	□ 表格应包括两个方案，记录的内容为实验现象、反应前总质量、反应后总质量等 □ 表格呈现简洁、清晰，便于记录与分析	后置量表

续表

表现性评价任务	PTA 检核量表		应用范式建议
	评价指标	评分标准与规则（每条标准满分 3 分，请根据真实表现取整数打分，重在弄清得分依据、扣分理由以及如何改进）	
D. 实验操作，并记录实验数据 1. 如下图，在底部铺有细沙的锥形瓶中，放入一粒白磷。在锥形瓶口的橡胶塞上安装一根玻璃管，在其上端系牢一个小气球，并使玻璃管下端能与白磷接触。将锥形瓶和玻璃管放在托盘天平上用砝码平衡，记录所称的质量 m_1。然后取下锥形瓶，将橡胶塞上的玻璃管放到酒精灯火焰上灼烧至红热后，迅速用橡胶塞将锥形瓶塞紧，并将白磷引燃。待锥形瓶冷却后，重新放到托盘天平上，记录所称的质量 m_2 玻璃管————小气球 白磷— 细沙— 白磷燃烧前后质量的测定 2. 如下图，在锥形瓶中加入适量稀硫酸铜溶液，塞好橡胶塞。将几根铁钉用砂纸打磨干净，将盛有硫酸铜溶液的锥形瓶和铁钉一起放在托盘天平上称量，记录所称的质量 m_1。将铁钉浸到硫酸铜溶液中，观察实验现象	进行实验与获取数据	☐ 按照实验方案和注意事项进行规范操作 ☐ 数据记录真实、及时，关注"意外"情况	前置量表

续表

表现性评价任务	PTA 检核量表		应用范式建议
	评价指标	评分标准与规则（每条标准满分 3 分，请根据真实表现取整数打分，重在弄清得分依据、扣分理由以及如何改进）	
待反应一段时间后溶液颜色改变时，将盛有硫酸铜溶液和铁钉的锥形瓶放在托盘天平上称量，记录所称的质量 m_2。比较反应前后的质量 铁钉和硫酸铜溶液反应前后质量的测定 **数据记录表格** 	实验方案	方案一	方案二
---	---	---
实验现象		
反应前总质量（m_1）		
反应后总质量（m_2）				进行实验与获取数据		前置量表
E. 比较所记录的数据，写出你的发现	分析与论证	☐ 能够对获得的数据进行比较与计算 ☐ 能够分析反应前后总质量包含的物质 ☐ 能够比较分析参加反应的物质和反应后生成的物质分别是哪些及其质量	后置量表

续表

表现性评价任务		PTA 检核量表		应用范式建议
		评价指标	评分标准与规则 (每条标准满分 3 分,请根据真实表现取整数打分,重在弄清得分依据、扣分理由以及如何改进)	
F. 评估 与 解释	F₁ 通过归纳、概括,写出你得到的结论,并思考与讨论 1.实验中哪些操作步骤会造成实验误差? 2.如何减小实验误差?	得出结论并进行评估	□ 语言简洁,具有高度的概括性 □ 结论科学:参加化学反应的各物质的质量总和等于反应后生成的各物质的质量总和 □ 表述严谨,要明确"参加化学反应""质量总和""反应后生成"等 □ 思考与讨论: 1.没有等气球瘪了恢复原样再称量;托盘天平读数时的误差等 2.改进实验装置;换用更精确的测量工具	后置量表
	F₂ 以磷和氧气反应生成五氧化二磷为例,用分子和原子的知识,从微观角度对结论进行分析	科学解释	□ 需要依据必要的科学知识 □ 要有逻辑性 □ 必须与观察、测量、计算等的结果相一致 □ 为如何检验解释提出建议 □ 有新的科学发现	前置量表
G. 表达 与 交流	G1.小组合作:用文字、图表等方式,就探究过程、结果与反思,制作一个交流展示板	小组合作制作展板	□ 展板内容应包括:主题;提出的科学问题、提出的猜想与假设、得出的结论和评估等要素;反思等 □ 展板结构化、清晰地呈现科学探究过程的六个要素,突出测量方法、表格设计、数据处理等科学思想方法 □ 展板简洁、美观 □ 善于与同伴合作,既能尊重合作者,也能坚持自己的原则	前置量表
	G2.小组之间,相互随机抽取组员就自己的展板进行解说交流	交流	□ 能简要、清晰、有逻辑地表达展板内容 □ 能倾听和尊重他人提出的不同观点,并交换意见	前置量表

第三部分

调研展评·科学探究终结性评价工具及其应用范式

3.1　影响黄瓜中维生素 C 稳定性的因素

【背景资料】

维生素 C 具有调节机体新陈代谢、提高抵抗力等功能，一些水果、蔬菜中含有相当丰富的维生素 C。然而维生素 C 并不是那么稳定，煮熟后可能会引起不同程度的损失。那么凉拌黄瓜，再加点醋，这样的烹饪方法是否会减少维生素 C 的损失呢？请带着这个问题进行探究。

【实验目的】

探究影响黄瓜中维生素 C 稳定性的因素。

【实验原理】

维生素 C 能使紫色的高锰酸钾溶液褪色。

【实验器材】

0.05％的高锰酸钾溶液，白醋，10％的碳酸氢钠溶液，10 毫升量筒 1 个，烧杯（100 毫升）4 个，烧杯（250 毫升）1 个，滴管 2 支，试管架 1 个，试管夹 1 个，小试管 6 支，试管 6 支，带挂绳的温度计，酒精灯，石棉网，火柴，铁架台，热水，新鲜黄瓜汁，标签纸。

【实验探究一】

猜想与假设 1：

一、设计实验方案（写出主要操作步骤）并完成实验。

二、实验现象的记录与分析。

三、实验结论。

【实验探究二】

猜想与假设 2：

一、设计实验方案(写出主要操作步骤)并完成实验。

二、实验现象的记录与分析。

三、实验结论。

【思考与分析】

一、你所探究的假设 2 中的自变量是什么？因变量是什么？如何控制变量？

二、检验假设 1 和假设 2 的实验中哪些操作步骤会造成较大的实验误差？如何减小实验误差？

【应用与拓展】

西红柿炒蛋是餐桌上经常出现的一道菜,根据今天的实验探究结果,在烹饪过程中如何尽量减少西红柿中维生素 C 的损失？

"影响黄瓜中维生素 C 稳定性的因素"PTA 检核量表

学生姓名(或编号)：　　　　　评委签名：　　　　　时间：　　年　　月　　日

评价指标	评分标准与规则 （每条标准满分 3 分,请取整数打分, 重在客观评价学生真实的科学探究 表现和记录扣分依据）	得分	权重	扣分依据	应用范式建议
	探究一				
猜想与假设	S1 高温会影响黄瓜中维生素 C 的稳定性		1		
实验方案与操作	第一种方案 (1)取 2 支洁净、干燥的小试管,用滴管往试管中分别加入质量分数为 0.05% 的高锰酸钾溶液各 5 滴(或用量筒量取 2 毫升) (2)取适量新鲜的黄瓜汁加热(可直接加热,也可水浴加热),冷却,用滴管分别吸取常温下的新鲜黄瓜汁和加热后冷却的黄瓜汁,逐滴滴入盛有高锰酸钾溶液的小试管中,边滴,边振荡,边观察,直至紫红色的溶液褪去颜色为止,记录下滴入黄瓜汁的滴数 第二种方案 (1)取适量新鲜的黄瓜汁加热(可直接加热,也可水浴加热),冷却,往试管中分别加入等量的常温的新鲜黄瓜汁和加热后冷却的黄瓜汁 (2)往上述两支试管中分别加入等量的高锰酸钾溶液,振荡后静置,观察溶液颜色的变化				前生量表
	S2 准确运用了控制变量法等科学方法		2		
	S3 方案步骤清晰,逻辑严密		2		

续表

评价指标	评分标准与规则 （每条标准满分3分，请取整数打分，重在客观评价学生真实的科学探究表现和记录扣分依据）	得分	权重	扣分依据	应用范式建议
实验方案 与操作	S4 运用滴管、量筒等实验仪器操作规范		2		前生 量表
	S5 能够科学地进行一系列观察、测量等		2		
	S6 数据记录真实、及时、完整		1		
	S7 实验结束后整理好器材		1		
实验数据 记录表	S8 或 <table><tr><td>温度（℃）</td><td></td><td></td></tr><tr><td>溶液颜色</td><td></td><td></td></tr></table> <table><tr><td>温度（℃）</td><td></td><td></td></tr><tr><td>黄瓜汁滴加量（滴）</td><td></td><td></td></tr></table>		1		
实验结论	S9 高温（在80℃左右）会破坏黄瓜汁中维生素C的稳定性		2		后置 量表

探究二

评价指标	评分标准与规则	得分	权重	扣分依据	应用范式建议
猜想 与假设	S1 酸碱性会影响黄瓜汁中维生素C的稳定性		1		

评价指标	评分标准与规则 （每条标准满分3分，请取整数打分，重在客观评价学生真实的科学探究表现和记录扣分依据）	得分	权重	扣分依据	应用范式建议
实验方案与操作	第一种方案 (1)取3支洁净、干燥的小试管，用滴管往试管中分别加入质量分数为0.05%的高锰酸钾溶液5滴 (2)取3支洁净、干燥的小试管，分别加入2毫升的新鲜黄瓜汁，再分别滴加5滴水、白醋和碳酸氢钠溶液，将上述3支试管的混合液分别逐滴加入盛有高锰酸钾溶液的试管内，边滴，边振荡，边观察，直至紫红色的溶液褪去颜色为止，记录滴入黄瓜汁的滴数 第二种方案 取3支洁净、干燥的小试管，分别加入2毫升的新鲜黄瓜汁，再分别滴加5滴水、白醋和碳酸氢钠溶液，往上述3支试管的混合液中，分别加入等量的高锰酸钾溶液，振荡后静置，观察比较试管中溶液的颜色				前生量表
	S2 准确运用了控制变量法等科学方法		2		
	S3 方案步骤清晰，逻辑严密		2		
	S4 运用滴管、量筒等实验仪器操作规范		2		
	S5 能够科学地进行一系列观察、测量等		2		
	S6 数据记录真实、及时、完整		1		
	S7 实验结束后整理好器材		1		

续表

评价指标	评分标准与规则 （每条标准满分 3 分，请取整数打分， 重在客观评价学生真实的科学探究 表现和记录扣分依据）	得分	权重	扣分依据	应用范式建议
实验数据记录表	S8 	所处环境的酸碱性	酸性	碱性
黄瓜汁滴加量（滴）			 或 	所处环境的酸碱性	酸性	碱性
溶液颜色					1		
实验结论	S9 黄瓜汁中的维生素 C 在酸性环境中较稳定		2		后置量表
思考与分析	S10 （1）若探究温度对维生素 C 稳定性的影响，则自变量是温度，因变量是不同温度下等量黄瓜汁中的维生素 C 含量。需要控制的变量是每支试管内高锰酸钾溶液的浓度与量，使用同一支或同一规格的滴管（方案不同，控制的变量也不同，合理即可） S11 （2）若探究酸碱性对维生素 C 稳定性的影响，则自变量是所处环境的酸碱性，因变量是不同酸碱性中等量黄瓜汁中的维生素 C 含量。需要控制的变量是每支试管内高锰酸钾溶液的浓度与量，每支试管内取用黄瓜汁的量，滴加水、酸与碱的滴数，使用同一支或同一规格的滴管（方案不同，控制的变量也不同，合理即可）		1		

续表

评价指标	评分标准与规则 （每条标准满分 3 分，请取整数打分，重在客观评价学生真实的科学探究表现和记录扣分依据）	得分	权重	扣分依据	应用范式建议
思考与分析	S12（3）滴管滴加液体时，因手操作不稳定造成每一滴液体的体积不同，则含量也不同，可以换用更精确的仪器，如移液管、滴定管；也可以进行多组重复实验，取平均值。用量筒量取时筒壁上会有液体残留。加热后没有等完全冷却就滴加。黄瓜汁存放时间过长，维生素 C 也会流失一部分，因此操作动作尽量要快		1		
应用与拓展	烹调时可以加点醋之类的酸性调味料，避免长时间高温		1		
加分表现 （满分 7 分）			1		

3.2　水果与鸡蛋液的酸碱性强弱

【实验目的】

探究苹果、梨等水果汁与鸡蛋液的酸碱性强弱。

【实验器材】

苹果半个，梨半个，鸡蛋 1 只，纱布 2 块，蒸馏水 1 瓶，塑料手套 1 只，烧杯 3 个，玻璃棒 1 支，滴管 1 支，筷子 1 双，小碗 1 个，小刀 1 把，研钵 2 个，药匙 1 只，精密 pH 试纸 1 盒，标签纸。

【实验探究】

一、写出你的猜想与假设，并说明理由。

二、设计实验方案(写出主要操作步骤)并完成实验。

三、实验现象的记录与分析。

四、得出实验结论。

【思考与分析】

一、若把被测液体滴在湿润的 pH 纸上,则测量结果会怎样?

二、生活中还有哪些物质的酸碱性可能与鸡蛋液相似?(至少举两列)

"水果与鸡蛋液的酸碱性强弱"PTA 检核量表

学生姓名(或编号):　　　　评委签名:　　　　时间:　　年　　月　　日

评价指标	评分标准与规则 (每条标准满分 3 分,请取整数打分, 重在客观评价学生真实的科学探究 表现和记录扣分依据)	得分	权重	扣分依据	应用范式建议
猜想与假设	S1 做出合理的猜想与假设,理由充分		3		
实验方案与操作	S2 (1)检查器材		1		前生量表
	S3 (2)制取汁液:用小刀把苹果去皮,切成碎块,放入研钵中研碎,移到纱布内,挤压出汁液置于 A 烧杯中待用。用小刀把梨去皮,切成碎块,放入研钵中研碎,移到纱布内,挤压出汁液置于 B 烧杯中待用。取一只鸡蛋打破外壳,让其内部液体流入小碗内,用筷子搅拌均匀待用		3		

续表

评价指标	评分标准与规则 （每条标准满分 3 分，请取整数打分，重在客观评价学生真实的科学探究表现和记录扣分依据）	得分	权重	扣分依据	应用范式建议
实验方案与操作	S4（3）取 3 张精密 pH 试纸，用玻璃棒分别蘸取梨汁、苹果汁和鸡蛋液于试纸上，把 pH 试纸分别与标准比色卡比较，估读出其各自的 pH 值，并做好记录		3		前生量表
	S5（4）重复步骤（3）的操作		2		
	S6（5）处理数据。把每种汁液的 pH 值取平均值。比较三种液体的 pH 值大小		3		
	S7（6）整理器材		1		
实验数据记录表	S8 液体种类 / pH 值（1、2、3、平均值） 苹果汁 梨汁 鸡蛋液		4		后置量表
实验结论	S9 三者中鸡蛋液 pH 值最大，显碱性		5		
反思与拓展	S10（1）酸性溶液 pH 值测量结果偏大，碱性溶液 pH 值测量结果偏小		3		
	S11（2）生活中的碱性物质，如去污粉、洗涤剂、洗衣粉、肥皂液		3		
加分表现（满分 7 分）			1		

3.3 环境中非生物因素对蚯蚓活动的影响

【背景资料】

蚯蚓属于环节动物,种类多达 3000 多种。根据生活环境,可分为陆生蚯蚓和水生蚯蚓。陆生蚯蚓生活在潮湿、疏松、富含有机质的土壤中,没有嗅觉,白天穴居,以土壤中的有机物为食,夜间爬出地面,取食地面上的落叶。它们雌雄同体,异体受精。环境中的哪些非生物因素影响着蚯蚓的活动?是如何影响的?

【实验目的】

目的:探究环境中非生物因素对蚯蚓活动的影响。

要求:根据给定的两组实验器材(并不一定都要使用),设计探究任务,分别探究非生物因素对蚯蚓活动的影响。

【实验探究一】

(供选择的实验器材:蚯蚓、解剖盘、解剖器、培养皿、玻璃板、纸板或书、棉签、吸水纸、烧杯、滴管、常温水、毛巾)

提出问题 1:探究_____对蚯蚓活动的影响

一、建立猜想与假设,并说明理由。

二、设计实验(写出主要操作步骤)并完成实验。

三、实验现象的记录与分析。

四、得出实验结论。

【实验探究二】

（供选择的实验器材：蚯蚓、解剖盘、解剖器、培养皿、玻璃板、纸板或书、棉签、吸水纸、烧杯、滴管、温度计、35℃的水、10℃的水、毛巾）

提出问题2：探究_____对蚯蚓活动的影响

一、建立猜想与假设，并说明理由。

二、设计实验（写出主要操作步骤）并完成实验。

三、实验现象的记录与分析。

四、得出实验结论。

【思考与分析】

1.【探究二】中的变量是什么？哪些是自变量？哪些是因变量？

2.你在【探究二】中是如何定义该非生物因素对蚯蚓的活动有影响或没有影响的？

"环境中非生物因素对蚯蚓活动的影响"PTA检核量表

学生姓名（或编号）：　　　　　评委签名：　　　　　时间：　　　年　　月　　日

评价指标	评分标准与规则 （每条标准满分3分，请取整数打分，重在客观评价学生真实的科学探究表现和记录扣分依据）	得分	权重	扣分依据	应用范式建议
	探究一				

续表

评价指标	评分标准与规则 (每条标准满分3分,请取整数打分,重在客观评价学生真实的科学探究表现和记录扣分依据)	得分	权重	扣分依据	应用范式建议
提出问题	S1 探究<u>光的强弱</u>对蚯蚓活动的影响		3		前生量表
猜想与假设	S2 猜想科学合理,理由充分。如做出假设"蚯蚓喜欢生活在阴暗的环境中",理由是"蚯蚓白天穴居,夜晚才会爬出地面"		1		后置量表
实验方案与操作	S3 (1)在解剖盘里铺上浸湿的吸水纸,将不少于3条蚯蚓放在大致中间位置		2		前生量表
	S4 (2)以解剖盘中,轴线为界,一侧盖上玻璃板,另一侧盖上纸板或书		2		
	S5 (3)静止2分钟后观察蚯蚓运动的方向,并记录数据		1		
	S6 (4)同时开展3组实验或重复实验3次		1		
	S7 (5)实验结束后整理好器材		1		
实验数据记录表	S8 <table><tr><td>环境</td><td>第一次 (组)</td><td>第二次 (组)</td><td>第三次 (组)</td><td>共计</td></tr><tr><td>阴暗</td><td></td><td></td><td></td><td></td></tr><tr><td>明亮</td><td></td><td></td><td></td><td></td></tr></table>		1		后置量表
实验结论	S9 光照是影响蚯蚓生活的非生物因素,蚯蚓喜欢生活在阴暗环境		2		后置量表
探究二					
提出问题	S10 探究 <u>湿度</u> 对蚯蚓生活的影响(也可探究温度对蚯蚓生活的影响)		3		前生量表

续表

评价指标	评分标准与规则 （每条标准满分 3 分，请取整数打分， 重在客观评价学生真实的科学探究 表现和记录扣分依据）	得分	权重	扣分依据	应用范 式建议
猜想 与假设	S11 猜想科学合理，理由充分。如做出假设"蚯蚓喜欢生活在潮湿的环境中"，理由是"在干燥的土壤中找不到蚯蚓，在潮湿的土壤中能找到蚯蚓"		1		后置 量表
实验方案 与操作	S12 (1)以解剖盘中轴线为界，一边铺上干燥的吸水纸，一边铺上浸湿的吸水纸，将不少于 3 条蚯蚓放在干湿分界区域		2		前生 量表
	S13 (2)在整个解剖盘上盖上纸板		2		
	S14 (3)静止 2 分钟后观察蚯蚓运动方向，并记录数据		1		
	S15 (4)同时开展 3 组实验或重复实验 3 次		1		
	S16 (5)实验结束后整理器材		1		
实验数据 记录表	S17 | 环境	第一次	第二次	第三次	共计
---	---	---	---	---
干燥				
潮湿							1		后置 量表
实验结论	S18 湿度是影响蚯蚓生活的非生物因素，蚯蚓喜欢生活在潮湿环境		2		后置 量表
思考与 分析	S19 (1)变量：水分、光照、温度、声音、酸碱度等 自变量：水分 因变量：蚯蚓运动方向或蚯蚓聚集的数量		2		
	S20 (2)有具体比例，如 80% 以上（只要定义一定的比例即可）的蚯蚓爬向它喜欢的环境，即为该非生物因素对它有影响		1		
加分表现 （满分 7 分）			1		

3.4 不同动植物的过氧化氢酶 对过氧化氢催化作用的影响

【背景资料】

动植物在代谢中产生的过氧化氢,对机体是有毒的。机体通过过氧化氢酶催化过氧化氢迅速分解成水和氧气而解毒。动植物器官内一般都含有过氧化氢酶。不同器官对过氧化氢催化分解的快慢一样吗?

请根据实验所提供的材料探究马铃薯和猪肝脏中过氧化氢酶对过氧化氢催化作用的影响。

【实验目的】

探究马铃薯和猪肝脏中过氧化氢酶对过氧化氢催化作用的影响。

【实验器材】

马铃薯块茎,猪肝脏,10%的过氧化氢溶液,制取氧气的简易装置1套(试管、单孔橡胶塞、玻璃管、玻璃弯管、橡胶软管),集气瓶1只,水槽1个,量筒(10毫升)1个,滴管1支,小刀1把,玻璃(一小块),镊子1把,标签,试管3支,蒸馏水1瓶,木炭,镊子1把,酒精灯,塑料手套。

【实验探究】

一、写出你的猜想与假设,并说明理由。

二、设计实验方案(写出主要操作步骤)并完成实验。

三、实验现象的记录与分析。

四、得出实验结论。

【思考与分析】

一、利用马铃薯与过氧化氢溶液制取一瓶氧气,并实验木炭在氧气中燃烧实验,记录所观察到的实验现象。

二、若需加速马铃薯对过氧化氢的催化分解,可以有哪些措施?(请列举两种)

"不同动植物的过氧化氢酶对过氧化氢催化作用的影响"PTA 检核量表

学生姓名(或编号):　　　　评委签名:　　　　时间:　　　年　　月　　日

评价指标	评分标准与规则 (每条标准满分 3 分,请取整数打分, 重在客观评价学生真实的科学探究 表现和记录扣分依据)	得分	权重	扣分依据	应用范式建议
猜想与假设	S1 做出合理的猜想与假设,理由充分		3		
实验方案与操作	S2 (1)检查器材		1		前生量表
	S3 (2)取 3 支试管,分别用标签编号		3		
	S4 (3)用小刀把马铃薯和猪肝脏各切成两个等大的小块,分别放入其中 2 支试管中(或制成等量、等浓度的研磨液)		3		
	S5 (4)用量筒分别取 10%过氧化氢溶液 5毫升,倒入 3 支试管中(或将等量研磨液滴入过氧化氢溶液中)		3		
	S6 (5)观察并记录实验现象		3		
	S7 (6)整理器材		1		

续表

评价指标	评分标准与规则 （每条标准满分 3 分，请取整数打分，重在客观评价学生真实的科学探究表现和记录扣分依据）	得分	权重	扣分依据	应用范式建议
实验数据记录表	S8 （见下表）		3		后置量表
实验结论	S9 马铃薯块茎催化分解过氧化氢并制氧的速率小于猪肝脏		3		
思考与分析	S10 (1)检查装置气密性，用小刀把马铃薯块茎切成片状，取过氧化氢溶液 10 毫升，连接仪器，集气瓶中灌满水，进行实验收集氧气		2		后置量表
	S11 (2)把带火星的木炭放入集气瓶中，观察并记录实验现象：剧烈燃烧，发出白光		2		
	S12 (3)整理器材		1		
	S13 (4)增大过氧化氢的浓度；马铃薯切得更碎；制成浓度较大的研磨液，加热等		3		
加分表现 （满分 7 分）			1		

S8

材料名称	反应现象		
	产生气泡多少	反应速率	带火星木条复燃情况
马铃薯块茎			
猪肝脏			

3.5　测定常温时过氧化氢在鲜土豆作用下的分解速率

【背景资料】

化学反应速率常用来衡量化学反应进行的快慢。过氧化氢是一种重要的化工产品,具有氧化、漂白、消毒等多种功效。过氧化氢的分解速率可用单位时间内产生的氧气体积来加以表示,其表达式为:

$$分解速率(v) = \frac{氧气的体积(毫升)}{时间(秒或分等)},单位:毫升/秒或毫升/分等。$$

在相同条件下,温度越高,过氧化氢的分解速率越大;鲜土豆的颗粒表面积越大,过氧化氢的分解速率越大。

【实验目的】

测定常温时过氧化氢在鲜土豆作用下的分解速率。

【实验器材】

12%的过氧化氢溶液,鲜土豆1片,50毫升圆底烧瓶(毫升),铁架台,集气瓶1只,水槽1个,试管4支,滴管1支,量筒(10毫升)2只,解剖刀1把,镊子1把,小烧杯2个,酒精灯,火柴,秒表,抹布等。

【实验探究】

一、请设计实验方案并进行实验。

要求:表述清楚实验思路,写出实验步骤,可图文并用;实验操作规范。

二、记录实验现象和数据。

1.实验现象。

2.数据记录(下列表格可填满也可不填满,或增加表格)。

时间(秒)											
气体体积(毫升)											

三、分析与论证数据并得出实验结论。

1.以反应时间为横坐标,以生成的气体(氧气)体积为纵坐标,在下图上绘制出体积—时间关系图。

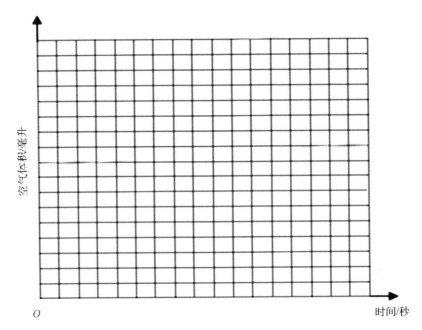

空气体积/毫升

O

时间/秒

2.实验结论。

3.分析实验误差及其产生的原因。

"测定常温时过氧化氢在鲜土豆作用下的分解速率"PTA 检核量表

学生姓名(或编号):　　　　评委签名:　　　　时间:　　年　　月　　日

评价指标	评分标准与规则 (每条标准满分 3 分,请取整数打分, 重在客观评价学生真实的科学探究 表现和记录扣分依据)	得分	权重	扣分依据	应用范式建议
实验方案 与操作	S1 装置图 		3		前生量表
	S2 (1)按实验方案组装实验装置		1		
	S3 (2)气密性检查		3		
	S4 (3)将鲜土豆切成碎粒,加到圆底烧瓶中;再用量筒量取 20 毫升过氧化氢溶液加到圆底烧瓶中		3		
	S5 (4)将 10 毫升量筒充满水,倒置,用排水法收集气体		3		
	S6 (5)每间隔 20 秒或 30 秒读取氧气体积,并及时记录		3		
	S7 (6)整理仪器		1		
实验现象	S8 产生气泡(氧气),气体产生先慢后快,后又减慢		3		
分析数据	S9 画出各组数据对应点,将各点平滑地连接起来		3		后置量表
实验结论	S10 (1)鲜土豆能加速过氧化氢的分解,过氧化氢分解先快后慢		3		后置量表
	S11 (2)正确记录氧气体积		3		
误差分析	S12 合理分析实验误差		2		
加分表现 (满分 7 分)			1		

3.6 铁粉和氧化铜混合物与足量稀硫酸 反应时有无先后顺序

【背景资料】

某同学在一份资料中查到"将铁粉和氧化铜粉的混合物投入足量稀硫酸溶液中,铁粉先跟稀硫酸反应,至铁粉完全反应后氧化铜再和稀硫酸反应";在另一份资料中查到"将铁粉、氧化铜粉的混合物投入足量稀硫酸溶液中,铁粉、氧化铜粉同时跟稀硫酸反应,没有先后顺序",这使该同学疑惑了……

【实验目的】

室内温度条件下,探究铁粉和氧化铜粉混合物跟足量稀硫酸反应时有无先后顺序。若有,影响因素是什么?

【实验原理】

$Fe + H_2SO_4(稀) = FeSO_4 + H_2 \uparrow$

$CuO + H_2SO_4(稀) = CuSO_4 + H_2O$

$CuSO_4 + Fe = FeSO_4 + Cu$

【实验器材】

4.9%的稀硫酸(约500毫升),9.8%的稀硫酸(约300毫升),19.8%的稀硫酸(约50毫升),还原铁粉100克,氧化铜粉100克,天平(电子天平、托盘天平各1架),量筒(100毫升、10毫升各2个),烧杯(50毫升6个、250毫升3个、500毫升1个),胶头滴管2支,标签纸,方形小纸片若干。

【实验探究】

一、请设计实验方案并进行实验与记录数据。

要求:

1.写出简要的设计思路。

2.针对不同情况分别写出简要的操作步骤,并设计相应的实验数据记录表。

3.按照实验操作规范进行实验。

二、分析与论证。
要求:分析实验现象与数据,并写出你的发现。

三、得出结论并进行评估。
1.实验结论。

2.请分析实验误差及其产生的原因。

"铁粉和氧化铜混合物与足量稀硫酸反应时有无先后顺序"
PTA 检核量表

学生姓名(或编号):　　　评委签名:　　　时间:　　年　　月　　日

评价指标	评分标准与规则 (每条标准满分 3 分,请取整数打分,重在客观评价学生真实的科学探究表现和记录扣分依据)	得分	权重	扣分依据	应用范式建议
实验设计思路与方案	S1 (1)在方案设计中考虑到硫酸浓度大小可能对反应先后顺序有影响这一因素,并正确设计实验步骤		4		前生量表
	S2 (2)在设计实验操作步骤时,考虑到铁粉和氧化铜相对比例会影响到对实验现象的观察		2		
	S3 (3)在设计实验方案时,能够根据所给不同浓度硫酸的总体积因素来设计实验步骤		2		
实验操作	S4 (1)规范、正确称量固体粉末的质量		2		前生量表
	S5 (2)规范、正确量取液体试剂的体积		2		
	S6 (3)规范、正确使用胶头滴管		2		
	S7 (4)规范、正确使用烧杯		2		

续表

评价指标	评分标准与规则 （每条标准满分3分，请取整数打分，重在客观评价学生真实的科学探究表现和记录扣分依据）	得分	权重	扣分依据	应用范式建议
设计实验记录表并记录实验现象与数据	S8 不同比例的铁粉、氧化铜粉与足量的4.9%的稀硫酸溶液反应 {表格}				后生量表
	S9（1）列出对照组表格		2		
	S10（2）变量设置合理		2		
	S11（3）记录实验现象正确		2		

S8 内嵌表格：

序号	铁粉/克	氧化铜/克	4.9%稀硫酸/毫升	实验现象
1—1	0.5	1.6	150	立即出现红色固体，无气泡产生，充分反应后上层清液呈蓝色
1—2	1.2	1.6	150	立即出现红色固体，无气泡产生，充分反应后上层清液呈浅绿色
1—3	1.8	1.6	150	立即出现红色固体，到红色固体不再增加后有明显气泡现象，充分反应后上层清液呈浅绿色

评价指标	评分标准与规则 （每条标准满分 3 分,请取整数打分, 重在客观评价学生真实的科学探究 表现和记录扣分依据）	得分	权重	扣分依据	应用范式建议
设计实验记录表并记录实验现象与数据	S12 相同比例的铁粉、氧化铜粉与足量的不同浓度的稀硫酸溶液反应 | 序号	铁粉/克	氧化铜/克	稀硫酸	实验现象
---	---	---	---	---
2-1	1.2	1.6	9.8%稀硫酸150毫升	立即出现红色固体,无气泡产生,充分反应后上层清液呈浅绿色
2-2	1.2	1.6	19.8%稀硫酸150毫升	立即出现红色固体,瞬时产生大量无色气泡,触摸烧杯外壁有放热反应现象,充分反应后上层清液呈浅蓝色					后生量表
	S13（1）列出对照组表格		2		
	S14（2）变量设置合理		2		
	S15（3）记录实验现象正确		2		

续表

评价指标	评分标准与规则 （每条标准满分 3 分,请取整数打分, 重在客观评价学生真实的科学探究 表现和记录扣分依据）	得分	权重	扣分依据	应用范式建议
分析与论证数据	S16（1）从第一组对比实验的现象中可以得出:铁粉跟氧化铜粉以不同比例组成的混合物在跟足量的 4.9% 稀硫酸反应时,存在明显的先后反应顺序:先是氧化铜与稀硫酸反应生成硫酸铜,再是硫酸铜跟铁粉发生置换反应,剩余铁粉最后跟稀硫酸反应生成硫酸亚铁和氢气		2		后置量表
	S17（2）从第二组对比实验现象（结合1—2)中可以得出:铁粉和氧化铜粉的混合物分别与 9.8%、19.8% 的稀硫酸反应会产生不同现象。当该混合物跟 19.8% 的稀硫酸反应时,氧化铜跟硫酸、铁跟硫酸、铁跟硫酸铜三个反应同时发生		2		
实验结论	S18 铁粉和氧化铜粉混合物跟稀硫酸反应时,它的浓度对反应先后顺序有影响		3		后置量表
误差分析	S19 合理分析实验误差		2		
加分表现 （满分7分）			1		

3.7 铅笔芯电阻大小与材料的关系

【实验目的】

探究铅笔芯电阻大小与材料的关系。

【实验器材】

铅笔芯(HB、2H、3H),刻度尺,电压表,电流表,毫安表,干电池 2 节,滑动变阻器,开关,鳄鱼夹,导线若干,小刀。

【实验探究】

按要求设计并进行实验,实验中需测出铅笔芯的电阻值。

一、实验设计及主要步骤。

1.设计实验电路图。

2.写出主要步骤。

二、实验数据记录表格和结论。

【思考与分析】

反思:除了上面探究的因素外,影响铅笔芯电阻大小的因素还有哪些?

"铅笔芯电阻大小与材料的关系"PTA 检核量表

学生姓名(或编号)：　　　　　评委签名：　　　　　时间：　　年　　月　　日

评价指标	评分标准与规则 （每条标准满分 3 分,请取整数打分, 重在客观评价学生真实的科学探究 表现和记录扣分依据）	得分	权重	扣分依据	应用范式建议
实验电路	S1		10		后生量表
实验数据记录表	S2 连接电路,记录每次实验的数据并填入表格 详见下方数据记录表		2		后置量表

S2 数据记录表：

铅笔芯材料（型号）	次数	电压/伏	电流/安	每次电阻/欧	电阻/欧
HB	1				
HB	2				
HB	3				
2H	1				
2H	2				
2H	3				
3H	1				
3H	2				
3H	3				

续表

评价指标	评分标准与规则 （每条标准满分 3 分，请取整数打分， 重在客观评价学生真实的科学探究 表现和记录扣分依据）	得分	权重	扣分依据	应用范式建议
实验操作	S3（1）选择和检查器材		1		前生量表
	S4（2）按照实验电路图连接电路（开关打开），并将滑动变阻器的滑片放在电阻值最大的位置		2		
	S5（3）闭合开关，移动滑动变阻器的滑片到某一位置。观察电压表和电流表的示数，将结果记录在表格中		2		
	S6（4）重复步骤（3）。共测量三组数据		2		
	S7（5）更换不同的铅笔芯，重复步骤（3）（4）		2		
	S8（6）根据每组数据算出电阻值		2		
	S9（7）整理器材		1		
实验结论	S10 铅笔芯的电阻与材料有关		4		
反思拓展	S11 粗细、长度、温度等		3		
加分表现 （满分 7 分）			1		

3.8 水的压强与深度的定量关系

【背景资料】

下面是初中科学教材探究"水内部压强的特点"的内容设计,实验表明,"液体的压强随深度的增加而增大"。那么,水的压强与深度的定量关系是怎样的呢?请运用给定的实验器材进行探究。

 探究

水内部压强的特点

我们可以将探究水内部压强的特点这一任务转化成这样的问题:液体内部压强的大小跟哪些因素有关?

你能否将上述问题分解为几个子问题?

我们可以这样想:液体内部不同深度的压强是否相同?液体内部同一深度各个方向的压强是否相同?

每2~3人一组,针对以上各个子问题,利用1只压强计、1只盛有水的杯子、1把刻度尺,按表3-7所列的步骤进行实验,并将测量数据填入表3-7中。

表3-7　记录表

序号	橡皮膜朝向	橡皮膜中心在水下的深度(厘米)	U形管左、右两管内液面的高度差(厘米)
1	朝上	3	
2	朝上	6	
3	朝上	9	
4	朝下	9	
5	朝侧面	9	

分析实验中所获得的信息,你能得出什么结论?

大量实验表明,一切液体内部都存在着压强。液体的压强随深度的增加而增大;在同一深度,液体向各个方向的压强相等。液体的压强还跟液体的密度有关,密度越大,压强越大。

【实验目的】

探究水的压强 p 与深度 h 的定量关系。

【实验器材】

水槽和水,平底试管1支,药匙1把,一元硬币10个,天平(砝码)1架,电子秤1台,直尺1把,三角尺2把,纸带(长约15厘米)2条,大头针2枚,铅笔1支,细沙若干,干抹布 1 块。

【实验探究】

一、请写出本实验测量压强的原理。

二、请设计实验方案并进行实验与记录数据。
1.写出简要的设计思路。

2.针对不同情况分别写出简要的操作步骤,并设计相应的实验数据记录表。

3.按照实验操作规范进行实验。

三、请运用图像法分析与论证数据,并写出你的发现。

四、得出结论并进行评估。
1.实验结论:＿＿＿＿＿＿＿＿＿＿＿＿＿＿＿＿＿＿＿＿＿＿＿。
2.请分析实验误差及其产生的原因。

"水的压强与深度的定量关系"PTA 检核量表

学生姓名(或编号)：　　　　　评委签名：　　　　时间：　　年　　月　　日

评价指标	评分标准与规则 （每条标准满分 3 分,请取整数打分,重在客观评价学生真实的科学探究表现和记录扣分依据）	得分	权重	扣分依据	应用范式建议
实验原理	S1 如图所示,当平底试管竖直漂浮在水面上时,水对平底试管底部的压力 F 等于试管的总重力 $G_总$		3		后置量表
	S2 利用所给器材测出试管的总重力 $G_总$ 和试管的直径或周长,算出试管的底面积 S				
	S3 求出水对试管底部的压强 P,也就是此处水的压强,即 $P=F/S=G_总/S$				
实验设计思路	S4 改变试管中沙子的量,每次都使试管竖直浮在水面上,测出试管底部水的相应深度 h,求出不同深度处水的压强,寻找水的压强与相应深度之间的关系				后置量表
实验操作	S5 （1）用直尺和三角板组合测出平底试管的直径,或用纸带测出试管截面周长;用直尺测出试管长度		1		前生量表
	S6 （2）在试管中加硬币、沙子,使试管直立在水中,测出试管底部水的深度		3		
	S7 （3）利用天平或电子秤测出试管与沙子的总质量		3		
	S8 （4）改变试管中沙子量,重复步骤（2）（3）,测出多组数据		3		
	S9 （5）整理器材				
	S10 数据记录真实、及时、完整		1		

续表

评价指标	评分标准与规则（每条标准满分 3 分，请取整数打分，重在客观评价学生真实的科学探究表现和记录扣分依据）	得分	权重	扣分依据	应用范式建议
实验数据记录表	S11 表格设计科学，便于记录		3		后置量表
分析数据	S12 画出各组数据对应点，将各点平滑地连接起来		3		后置量表
	S13 发现水的压强和深度之间的定量关系				
实验结论	S14 水的压强与深度成正比				
误差分析	S15 合理分析实验误差		2		
加分表现（满分 7 分）			1		

第四部分

以评促探·案例

4.1　茎对水分和无机盐的运输

【教学证据与学生科学探究能力发展目标】

课标要求	P19:探究茎的运输作用		
	学习内容要点 (本课题所包括的 主要知识点)	学科核心素养 (学习内容所蕴含的关 键能力与必备品格)	重难点及成因 (请在"学习内容要点"序 号前标注: △重点;○难点)
教材解读 学情分析	△1. 提出猜想和 假设	能提出假设,并陈述 理由	
	○2. 制定方案	1.使用控制变量法 2.能用语言、文字等方 式表述探究的思路	实验方案是整个科学探究的关键, 一旦这里出现问题或者弄不清楚, 将影响整个科学探究的推进,因此 是重点。考虑到变量控制和探究思 路的规范表述对学生有一定难度, 因此又是难点
	△3. 操作与记录	1.正确进行实验操作、 器材选择和处理等 2.设计表格记录实验 现象	分析与论证是得出结论的过程,表 格法又很直观,因此是重点
	△4. 得出结论并 进行评估	1.归纳、概括 2.能注意到与预想结 果不一致的现象,并 做出合理的解释等	如何引导学生得出科学、严谨的结 论并进行评估,是非常重要的科学 学科能力
学生科学 探究能力 发展目标	1.借助对一系列问题的系统思考,准确运用适切的科学方法,正确设计探究茎运 　输水和无机盐的部位在哪里的实验方案		
	2.根据实验方案正确进行实验,按照提供的实验器材规范操作并真实记录现象		
	3.运用表格法进行实验现象汇总并进一步分析,归纳茎的各部分结构与红墨水 　运输存在的关系,并举例说明表格法汇总分析实验现象的优点		
	4.用科学、严谨的语言概括出实验结论,科学分析实验结论与开始假设的一致 　性、实验异常现象及产生的原因等		

【基于评价工具的科学探究教学设计与实施】

教学环节 （用时）	科学探究能力进阶与 表现性评价任务	教师课堂决策	科学探究能力 PTA 检核量表
1.明确 科学探究 问题 （1分钟）	茎对水分和无机盐的运输部位 是什么？	通过分析生活场景 "大树挂盐水"，提 出科学探究问题	
2.提出猜 想与假设 （3分钟）	建立（猜想与假设）→说明（理 由）→对照量表进行自评并修 改（猜想结果与理由） **任务一：** 你认为茎对水分和无机盐的运 输部位是什么？将你的猜想与 假设写在下面，并说明理由	后置"提出猜想与 假设 PTA 检核量 表"，引导学生对照 量表进行自评，修 改猜想的结果与 理由	**提出猜想与假设：** ☐ 能够建立茎的结构与功能的 联系 ☐ 陈述的理由是基于茎的结 构、观察到的现象如"大树挂 盐水的针头深浅"及科学推 理等 ☐ 陈述的理由要与提出的猜想 与假设保持一致

续表

教学环节 （用时）	科学探究能力进阶与 表现性评价任务	教师课堂决策	科学探究能力 PTA 检核量表
3.设计 实验方案 （7分钟）	"动脑"与"动手"相结合（一边系统思考问题链，一边写出或画出实验思路）→对照量表进行修改（实验步骤）→设计（实验现象记录表）并对照量表进行自评与修改 **任务二：** "动脑"和"动手"相结合：一边带着对如下几个问题做系统思考，一边动手写或者画实验思路 1.本实验是否需要对照？ 2.实验的自变量、因变量分别是什么？自变量和因变量有什么关系？ 3.怎样操纵或改变自变量？ 4.怎样观察或测量因变量？ 5.本实验有哪几个无关变量？如何控制单一变量？ 6.实验提供了充足的实验器材，如何对实验材料进行选择和处理？本实验受外来干扰大，方案中如何呈现减少外来因素干扰的设计？ **任务三：** 请根据实验思路，设计实验现象记录表	1.引导学生"动脑"和"动手"相结合，先尝试自主思考，再以小组为单位完成方案设计 2.后生"设计实验方案 PTA 检核量表"，先组织学生通过对比和评价各小组实验方案生成量表，然后引导学生对照量表对方案进行修改完善 3.后置"设计实验现象记录表 PTA 检核量表"，引导学生对照量表进行自评，修改实验记录表	**设计实验思路**（也可用描述）： □ 根据假设确定本实验的自变量，能设计对照实验，并进行分组编号 □ 能说出判断水和无机盐运输部位的方法是一定时间后用放大镜观察枝条中上方茎的横切面的染色部位 □ 能体现控制变量如枝条为同种、粗细大小相似、叶片数相同等（言之有理皆可） □ 方案体现对材料的选择和处理（每根枝条的下端用刀片削成面积相似的斜面），有减少外来因素干扰的设计 {表格} **设计实验数据记录表：** □ 表格中记录的变量为枝条的处理方式、枝条切口上端被染色的部位 □ 需要重复实验，记录现象 □ 表格呈现简洁、清晰，如竖排为枝条处理的三种方式（分成三组），横排为实验现象（强调记录染色的部位）

实验组别	实验现象 （记录被染色的部位）
A.带叶枝条（不作处理）	
B.剥去下半部树皮的带叶枝条	
C.除去木质部和髓的带叶枝条，只留下树皮	

续表

教学环节 （用时）	科学探究能力进阶与 表现性评价任务	教师课堂决策	科学探究能力 PTA 检核量表
4.实验 与记录 （8 分钟）	研读（量表）→操作（变量）→进行实验并记录现象（记录被染色的部位） **任务四：** 按方案进行实验操作，进行一系列观察、比较 	前置"进行实验并记录现象 PTA 检核量表"，跟学生一起研读量表并做重点提醒；组织、帮扶学生进行实验与现象记录	**进行实验并记录现象：** □ 按照设计，选择粗细大小相似、叶片数相同的同种木本植物枝条 3 根，分组编号 □ 分别按表格中的 3 种处理方法处理 □ 将每组枝条分别插入 3 瓶盛有等量稀释红墨水的烧杯中，并用 3 个夹子将各组枝条分别固定，置于温暖、光照充足的地方 □ 10 分钟后取出枝条，用刀片横切枝条的中上部，用放大镜观察横切面的染色部位，并将实验现象记录在表格中 □ 现象记录真实、及时，实验中观察到的现象与设计中的要素保持一一对应 □ 关注与记录实验中的"意外"情况，能处理实验过程中出现的意外和故障

续表

教学环节（用时）	科学探究能力进阶与表现性评价任务	教师课堂决策	科学探究能力 PTA 检核量表
5.分析与论证（5分钟）	运用表格法分析（实验现象）→归纳概括（茎各部分结构与红墨水能否运输以及运输的部位存在怎样的关系）→研读（量表）→归纳概括（茎运输水和无机盐的部位）→迁移（大树挂盐水的部位） **任务五：** 1.分析实验现象,看看茎的各部位与红墨水的运输是否有关 2.采用表格法,请同学们根据实验现象,在表格中如实记录,并归纳概括出茎运输水和无机盐的部位	1.先引导学生运用表格法分析实验现象,归纳概括茎的各部分与红墨水运输存在的关系 2.后置"预测及分析现象 PTA 检核量表",先组织和帮扶学生进行实验前预测及实验后分析,引导学生归纳概括 3.然后给出量表,让学生反思分析过程,并请学生简要列举表格法汇总实验现象的策略与优点	**运用表格法汇总实验现象：** ☐ 明确纵列、横行所表示的科学意义 ☐ 真实记录各组现象 ☐ 归纳概括现象背后的科学解释
6.得出结论并评估（5分钟）	总结得出（实验结论）→对照量表自评并修改（实验结论）→交流与比较（实验结论）→分析（实验结论与假设一致性、改进实验的措施等） **任务六：** 1.通过对实验现象的分析与论证,请写出实验结论 2.比较你所在小组得出的实验结论与其他小组的实验结论有什么差异 3.分析实验结论与开头的假设是否一致 4.分析产生实验异常的原因,并探讨改进实验的措施	1.组织学生总结得出实验结论 2.后置"得出结论 PTA 检核量表",引导学生对照量表进行自评修改实验结论 3.组织、引导学生进行实验评估	**得出结论：** ☐ 语言简洁,具有高度的概括性 ☐ 结论科学,体现茎运输水和无机盐的部位在哪里 ☐ 表述严谨,本实验只能说明茎运输水和无机盐的部位是木质部,并不能得出具体运输部位在导管,强调科学要基于实证

4.2　寻找正午太阳高度变化的证据与规律

【教学证据与学生科学探究能力发展目标】

课标要求	P33:知道当地正午太阳高度是随季节改变而变化的		
	学习内容要点 (本课题所包括的 主要知识点)	学科核心素养 (学习内容所蕴含的关 键能力与必备品格)	重难点及成因 (请在"学习内容要点"序号前标注: △重点;○难点)
教材解读 学情分析	△○1. 通过实验探究,知道哪些现象和正午太阳高度角的变化有关	观察、提出科学问题、设计实验方案、实验操作与获取证据、分析与论证、得出结论与评估	通过实验探究证明哪些现象和正午太阳高度的变化有关,可以发展学生观察、提出科学问题、设计实验方案等多个科学探究能力,因此是重点。这里也有一个难点,就是如何证明太阳能感光板的角度调节与太阳高度变化有关,这就需要将检测光强的传感器应用到模拟实验中,将现象转化成数据,经过分析获得正确的结论
	○2. 通过分析论证,知道正午太阳高度是随着季节改变而变化的,夏季大,冬季小	解释、归纳	从观察到分析,再从解释到归纳,这是学生得出规律的方法线,但太阳高度变化的规律,需要多个证据的分析论证过程,从多个证据中得出的普遍结论更加具有代表性和普适性,这需要学生对现象做出正确分析,对推导过程进行合理推断
学生科学探究能力发展目标	1.通过提出科学问题、建立假设、分析论证、得出结论,展示交流等过程,能够准确描述哪些现象与正午太阳高度的变化有关,并说出论证的依据		
	2.能够多组分析论证的结果,寻找规律,得出正午太阳高度随季节改变而变化的规律,如夏季大,冬季小		

【基于评价工具的科学探究教学设计与实施】

探究环节（用时）	科学探究能力进阶与表现性评价任务	教师课堂决策	科学探究能力 PTA 检核量表
	阅读（文字）→观察（图片和模拟实验）→提出（科学探究的问题）→对照量表并修改（科学探究问题）		
1.明确科学探究问题（5分钟）	**任务一：** 1.阅读文字资料,结合图片并思考问题 在某地有一口深井,一年只有一天正午太阳光可直射井底。这一现象闻名已久,吸引许多旅游者前来观赏奇景。它表明太阳在夏至日正好位于天顶。你们猜这地方在哪里？ 2.用自制地球仪演示太阳直射北回归线的模拟实验,根据观察到的现象提出值得探究的科学问题	后置"观察和提出科学探究问题 PTA 检核量表",引导学生对照量表进行自评与互评,确定科学探究问题	**观察：** ☐ 关注到太阳直射、夏至日、北回归线等信息 ☐ 发现正午太阳光直射井底与正午太阳高度应该存在着一定的关系 **提出科学探究问题：** ☐ 表述清晰,且是用带"?"的话语 ☐ 以情境和客观事实为基础 ☐ 指向与正午太阳高度变化有关的现象与证据 ☐ 问题结果暗含正午太阳高度变化与季节变化有关 ☐ 提出多个有价值的科学问题

续表

探究环节 （用时）	科学探究能力进阶与 表现性评价任务	教师课堂决策	科学探究能力 PTA 检核量表
2.建立 猜想与 假设 （10分钟）	寻找（客观现象）→建立（猜想与假设）→对照量表进行自评与修改（猜想与假设） 任务二： 请根据同学们课前收集到的资料，如照片、视频、文字等，说说哪些现象与正午太阳高度变化有关并陈述理由 图1　　图2　　图3 图4　　图5　　图6 图1：不同季节正午前一幢楼的影子能够遮挡后一幢楼的楼层数 图2：操场旗杆的影子长短变化 图3：中国圭表影长的变化 图4：井水被照亮的面积大小变化 图5：一年之中太阳能热水器感光板的角度调节 图6：不同季节正午阳光透过窗户打在房间地面形成的光斑面积	后生"建立猜想与假设 PTA 检核量表"，通过整理学生课前找到的与正午太阳高度变化有关的资料，师生一起研讨，生成量表，引导学生对照量表进行自评、修改猜想的结果与理由，并明确一定能检验假设的是图1、图5、图6	建立猜想与假设： ☐ 能够猜测某些现象与正午太阳高度季节变化存在一定关系 ☐ 陈述的理由是依据观察到的现象、学过的知识"正午太阳高度随着纬度的改变而改变，随季节的改变而改变"、生活经验等 ☐ 陈述的理由要与"提出的猜想和假设"保持一致

探究环节（用时）	科学探究能力进阶与表现性评价任务	教师课堂决策	科学探究能力 PTA 检核量表
3.设计实验方案（5分钟）	对照量表设计（实验方案）→展示交流并确定（实验方案）→对照量表自评与修改 **任务三：** 针对图1、图5、图6的现象，根据提供的实验器材设计实验方案，通过模拟实验来论证该现象与正午太阳高度的变化有关 实验器材：手电筒，带有窗户的楼层模型，大型自制量角器，刻度尺，乐高积木，光强传感器 **任务四：** 请根据实验方案，设计实验记录表。 <table><tr><td>模拟实验</td><td>太阳高度</td><td>实验现象</td></tr><tr><td>前一幢楼的影子能够遮挡后一幢楼的楼层数</td><td></td><td></td></tr><tr><td>一年中太阳能热水器感光板的角度调节</td><td></td><td></td></tr><tr><td>阳光透过窗户打到地面形成的光斑面积</td><td></td><td></td></tr></table>	前置"设计实验方案 PTA 检核量表"，先引导学生对照量表设计实验方案，然后选取代表性小组进行展示交流，确定实验方案 后置"设计实验数据记录表 PTA 检核量表"，引导学生对照量表进行自评，修改实验数据记录表	设计实验方案： ☐ 选用适切的实验仪器 ☐ 能粗略测量太阳高度 ☐ 观察并记录实验现象 ☐ 方案具有可操作性 ☐ 表格应包括三个模拟实验，记录的内容为太阳高度与相应的实验现象等 ☐ 表格呈现简洁、清晰，便于记录与分析

续表

探究环节 （用时）	科学探究能力进阶与 表现性评价任务	教师课堂决策	科学探究能力 PTA 检核量表
4.进行实验并记录 （10分钟）	研读（量表）→按照实验方案进行实验与记录 **任务五：** 根据实验方案进行分组实验，并将实验结果填入表中 **实验一:** 将两个模拟大楼放置在桌面上,保持适合的间距,然后用手电筒模拟太阳,调节角度,与地面的夹角保持在 36.5° 到 83.5°之间。随着角度增加,大楼的影子逐渐变短,遮盖后一幢楼的层数也逐渐变少 实验二:使用乐高玩具搭建一个模拟太阳能光电板,将光强传感器置于光电板中间,以手电筒代替光照,将手电筒与地面角度调节到 36.5° 到 83.5°之间。逐渐调节太阳能光电板放置角度,从而发现当太阳能光电板与手电筒光垂直时,检测出的光强值最大 	前置"进行实验并记录数据 PTA 检核量表",师生一起研读量表并做重点提醒 组织、帮扶学生进行实验与数据记录	**进行实验并记录数据:** □ 操作规范,能够正确模拟太阳高度在一年中的变化轨迹 □ 现象明显,能够正确展示由于正午太阳高度在一年中的变化导致出现的不同现象 □ 符合实际,模拟实验中正午太阳高度的变化与实际相符 □ 记录真实、及时,关注"意外"情况

探究环节 （用时）	科学探究能力进阶与 表现性评价任务	教师课堂决策	科学探究能力 PTA 检核量表
4.实验 与记录 （10 分钟）	研读（量表）→按照实验方案进行实验与记录 实验三：把一个带有窗户的房子模型摆在正中间，然后用手电筒模拟太阳。以杭州为例，太阳高度变化范围大致为 36.5 度到 83.5 度之间。随着手电筒位置的上升，透过窗户投在地面的光照面积发生了较大变化 		

模拟实验	太阳高度	实验现象
前一幢楼的影子能够遮挡后一幢楼的楼层数		
一年中太阳能热水器感光板的角度调节		
阳光透过窗户打到地面形成的光斑面积		

续表

探究环节 （用时）	科学探究能力进阶与 表现性评价任务	教师课堂决策	科学探究能力 PTA 检核量表
5.分析 与论证 （3分钟）	分析（模拟实验现象）→初步得 出结论→展示分析论证的成果<hr>**任务六：** 1.探究这些现象是如何随着季 节变化而改变的 2.解释这些现象如何随着正午 太阳高度的变化而变化 3.得出正午太阳高度变化与季 节变化之间的关系	后置"分析论证 PTA 检核量表"，引 导学生对照量表进 行分析论证，培养 学生的证据意识以 及逻辑推理能力	**分析论证：** □ 表述清晰，能够讲清楚在模 拟实验中各个器材模拟的自 然界何种物体 □ 分析合理，解释现象变化过 程中的直接原因与间接 原因。 □ 论证严谨，比较模拟实验现 象与真实世界现象的异 同点。 □ 能够从不同的视角对现象进 行科学分析与解释
6.得出 结论并评估 （2分钟）	总结归纳（得出结论）→对照量 表自评并修改（结论）→思维提 升（证据意识）<hr>**任务七：** 1.通过对实验现象的分析与论 证，写出实验结论 结论：＿＿＿＿＿＿＿＿＿ ＿＿＿＿＿＿＿＿＿＿＿	组织学生总结得出 实验结论，后置"得 出结论 PTA 检核 量表"，引导学生对 照量表进行自评， 修改论证结论	**得出结论：** □ 语言简洁，具有高度的概 括性 □ 结论科学：正午太阳高度变 化与季节有关，夏季大，冬 季小 □ 表述严谨，要明确"正午"的 关键要素 □ 有意识与"提出的猜想假设" 相对照，能注意与预期结果 不一致的现象，并做出合理 解释 □ 除教材中的结论之外，力求 能有其他的新发现

4.3 比较铁与铜、铜与银的化学活动性

【教学证据与学生科学探究能力发展目标】

课标要求	P29：通过典型金属和酸以及某些盐的反应，认识金属的活动性顺序		
教材解读 学情分析	学习内容要点 （本课题所包括的 主要知识点）	学科核心素养 （学习内容所蕴含的关 键能力与必备品格）	重难点及成因 （请在"学习内容要点"序号前标注： △重点；○难点）
	△○1. 通过实验探究，发现金属与盐溶液反应的一般规律	观察、提出科学问题、设计实验方案、实验操作与获取证据、分析与论证、得出结论与评估	通过魔术启发学生思考，并联系科学史，引发学生思考铜与铁哪个先被大量使用，进而聚焦探究比较铁与铜的活动性。通过实验探究，分析并归纳出金属与盐溶液反应的一般规律，可以发展学生观察、提出科学问题、设计实验方案等多种科学探究能力，因此应是重点。这里有一个难点，就是如何引导学生设计金属与盐溶液反应的实验，这就需要回顾并归纳上一节课比较金属活动性的两种方法，归纳出比较的核心是找到合适的"第三方检测物质"，引导学生回顾物质分类，并进一步分析、总结，促进学生领悟：理解本质后方法可以是多样的
	○2. 通过建构模型、归纳分析，掌握比较金属活动性的方法	建模、归纳	从宏观辨识到微观探析，这是学生认识比较金属活动性强弱三种方法的一条认知线，但从微观角度认识金属活动性强弱，这对学生要求较高，需要建构模型并进行模型解读，通过给出一般规律的模型，能够较好地帮助学生掌握比较金属活动性强弱的方法，并进行运用

续表

学生科学探究能力发展目标	1.通过观察、提出科学问题、设计实验方案、进行实验与记录数据、分析与论证等实验探究过程,能够准确归纳金属与盐溶液反应的一般规律,并能关注和分析实验中的"意外"现象并设计实验验证、解释现象等
	2.能够运用建立模型并解读模型,解释金属与盐溶液反应的一般规律,进而运用一般规律解决实际问题

【基于评价工具的科学探究教学设计与实施】

探究环节(用时)	科学探究能力进阶与表现性评价任务	教师课堂决策	科学探究能力 PTA 检核量表
1.明确科学探究问题(3分钟)	观察(魔术)→提出(科学探究问题)→对照量表自评并修改(科学探究问题) **任务一:** 请仔细观察演示实验换"心"术——铁心变铜心,并根据文字信息,提出值得探究的科学问题 古人云:"曾青得铁则化为铜"。曾青这种物质遇到铁就会变成铜,这就是我国最早开始使用的湿法炼铜。阅读金属使用发展史发现铜器比铁器更早被大量使用。为什么是铜器先被大量使用呢?	后置"观察和提出科学探究问题 PTA 检核量表",引导学生对量表进行自评与互评,确定科学探究问题:比较铁与铜的活动性强弱	**观察:** □ 了解到铁能与含有铜离子的物质反应,生成新的物质 □ 发现铜比铁更早被大量使用与"铁与铜的金属活动性"应该存在着一定的关系 **提出科学探究问题:** □ 表述清晰,且是用带"?"的话语 □ 以实验和文字信息为基础 □ 指向认识与探索金属的活动性强弱 □ 问题结果暗含铁与铜的活动性强弱关系 □ 提出多个有价值的科学问题

续表

探究环节（用时）	科学探究能力进阶与表现性评价任务	教师课堂决策	科学探究能力 PTA 检核量表
2.设计实验方案（5分钟）	对照量表设计（实验方案）→展示交流并确定（实验方案）→设计（实验数据记录表）并对照量表自评与修改 **任务二：** 归纳整理比较金属活动性的两种方法并思考是否还有其他方法。根据提供的药品，设计出通过金属与盐溶液反应来比较金属活动性强弱的实验方案 实验药品：硫酸铜溶液、硫酸亚铁溶液、铁丝、铜丝 **任务三：** 请根据实验方案，设计实验数据记录表 表格：实验方案 / 方案一 / 方案二；实验现象；实验结论	后置"设计实验方案 PTA 检核量表"，组织学生回顾已学内容，板书比较金属活动性强弱的两种方法，引导学生可以利用金属与盐溶液反应进行比较，再组织学生基于量表完善原有设计 后置"设计实验数据记录表 PTA 检核量表"，引导学生对照量表进行自评，修改实验数据记录表	**设计实验方案：** ☐ 选用适切的实验仪器与药品 ☐ 观察并记录实验现象 ☐ 符合实验安全要求与操作规范 ☐ 方案具有可操作性 **设计实验数据记录表：** ☐ 表格应包括两个方案，记录的内容为实验现象等 ☐ 表格呈现简洁、清晰，便于记录与分析
3.实验与记录（5分钟）	研读（量表）→按照实验方案进行实验与记录数据 **任务四：** 请根据实验方案进行分组实验，并将实验结果填入表中 方案一：在试管中加入硫酸铜溶液，放入铁丝，观察实验现象并记录 方案二：在试管中加入硫酸亚铁溶液，放入铜丝，观察实验现象并记录 表格：实验方案 / 方案一 / 方案二；实验现象；实验结论	前置"进行实验并记录数据 PTA 检核量表"，师生一起研读量表并做重点提醒 组织、帮扶学生进行实验与数据记录	**进行实验并记录数据：** ☐ 按照实验方案和注意事项进行规范操作 ☐ 数据记录真实、及时，关注"意外"情况

续表

探究环节 （用时）	科学探究能力进阶与 表现性评价任务	教师课堂决策	科学探究能力 PTA 检核量表
4.分析 与论证 （5分钟）	分析实验结果初步得出结论→ 分析实验过程修正结论 **任务五：** 1.分析两个实验方案的结果，你有什么发现？ 2.通过现象分析：哪个反应能进行？为什么？哪个不能进行？反应不能进行能否作为判断金属活动性强弱的方法？	板书铁和硫酸铜反应的化学方程式、比较实验方案一和方案二对应的结果，引导学生通过实验得到并不是所有金属和盐都能发生反应，进一步思考反应有何规律	
5.得出结论并评估 （2分钟）	总结得出（实验结论）→对照量表自评并修改（实验结论） **任务六：** 1.通过对实验现象的分析与论证，请写出实验结论。 结论：_____ _____	组织学生总结得出实验结论；后置"得出结论 PTA 检核量表"，引导学生对照量表进行自评、修改实验结论；组织、引导学生进行实验评估	**得出结论：** ☐ 语言简洁，具有高度的概括性 ☐ 结论科学：铁的活动性强于铜 ☐ 表述严谨，要明确活动性强弱

续表

探究环节 （用时）	科学探究能力进阶与 表现性评价任务	教师课堂决策	科学探究能力 PTA 检核量表
6.总结规律并应用 （7分钟）	建构模型→解释→归纳（金属与盐溶液反应的规律） **任务七：** 1.构建"金属与另一种金属的盐溶液反应的一般规律"的模型 2.用故事的形式把规律表达出来并进行交流、解释 3.运用规律设计实验，比较铁、铜、银的活动性强弱 4.小游戏：参加游戏的同学分别代表一种金属（镁、铝、锌、铁、铜、银），从左到右依次按照金属活动性由强到弱的顺序排列，找准自己的位置并说出理由	1.生成"解释 PTA 检核量表"，师生一起研讨生成量表，引导学生归纳得出金属与另一种金属的盐溶液反应的一般规律 2.引导学生对模型进行交流、解释 3.引导学生设计实验比较三种金属的活动性强弱 4.引导学生通过多种方法解释自己所站位置的理由	**解释：** ☐ 需要依据必要的科学知识 ☐ 要有逻辑性 ☐ 必须与观察的结果相一致 ☐ 为如何检验解释提出建议 **应用：** ☐ 运用规律来解决实际问题 ☐ 能从多角度运用

4.4 质量守恒定律

【教学证据与学生科学探究能力发展目标】

课标要求	P33:通过实验认识质量守恒定律,并能用它来解释常见的现象		
	学习内容要点 (本课题所包含的 主要知识点)	学科核心素养 (学习内容所蕴含的关 键能力与必备品格)	重难点及成因 (请在"学习内容要点"序号前标注: △重点;○难点)
教材解读 学情分析	△○1. 通过实验 探究发现质量守 恒定律的实质	观察、提出科学问题、 设计实验方案、实验操 作与获取数据、分析与 论证、得出结论与评估	通过实验探究发现质量守恒定律,可 以发展学生观察、提出科学问题、设计 实验方案等多种科学探究能力,因此 应是重点。这里也有一个难点,就是 如何引导学生准确认识到"参加化学 反应的各物质的质量总和等于反应后 生成的各物质的质量总和"中的"参 加"与"生成",这就需要从实验现象再 回到实验过程,通过对反应前后各物 质的分析、比较,可以很好地解决这一 难点,促进学生顿悟到质量守恒定律 的实质
	○2. 通过微观解 释认识质量守恒 定律的本质	解释、归纳	从现象到实质,再从实质到本质,这 是学生认识质量守恒定律的一条认 知线。但对其本质的认识,需要从 分子和原子角度进行分析解释,这 对学生要求较高,通过给出化学反 应微观模型,能够较好地帮助学生 认识到质量守恒定律的本质和化学 反应的特点
学生科学 探究能力 发展目标	1.通过观察、提出科学问题、设计实验方案、进行实验与记录数据、分析与论证等 实验探究过程,能够准确归纳总结出质量守恒定律的实质,并能分析实验误差产 生的原因、提出改进实验的措施等		
	2.能够运用分子和原子的知识科学解释质量守恒定律,进而概括质量守恒定律 的本质,归纳化学反应的特点		

【基于评价工具的科学探究教学设计与实施】

探究环节 （用时）	科学探究能力进阶与 表现性评价任务	教师课堂决策	科学探究能力 PTA 检核量表
1.明确 科学探究 问题 （1分钟）	观察（图片）→提出（科学探究问题）→对照量表进行自评并修改（科学探究问题） **任务一：** 仔细观察如下两幅图片，根据图片和文字信息，提出值得探究的科学问题 木头燃烧后变成了灰烬，质量减少了；蜡烛燃烧后质量几乎为零。于是有人认为，燃烧后物质的质量将变少。物质真的会消失吗？	后置"观察和提出科学探究问题 PTA 检核量表"，引导学生对照量表进行自评与互评，确定科学探究问题：化学反应前后物质的质量存在什么样的关系	**观察：** □ 关注到物质燃烧、质量减少、物质是否会真的消失等信息 □ 发现物质燃烧前的质量与燃烧后的质量应该存在一定的关系 **提出科学探究问题：** □ 表述清晰，且是用带"？"的话语 □ 以图片和文字信息为基础 □ 指向认识与探索物质的质量变化 □ 问题结果暗含"化学反应前后物质的质量关系" □ 提出多个有价值的科学问题
2.设计 实验方案 （5分钟）	对照量表设计（实验方案）→展示交流并确定（实验方案）→设计（实验数据记录表）对照量表进行自评与修改 **任务二：** 请根据下面磷和氧气、铁和硫酸铜的化学反应表达式，选择实验器材和药品，分别设计实验方案（可用简图并配文字说明） 磷＋氧气 $\xrightarrow{\text{点燃}}$ 五氧化二磷 P　O$_2$　　　　（P$_2$O$_5$） 铁＋硫酸铜 $\longrightarrow$ 铜＋硫酸亚铁 Fe　CuSO$_4$　　Cu　FeSO$_4$ **任务三：** 根据实验方案，设计实验数据记录表	后生"设计实验方案 PTA 检核量表"，先组织学生设计实验方案，然后通过小组展示交流，引导学生生成检核量表，再组织学生基于生成的量表完善原有设计 后置"设计实验数据记录表 PTA 检核量表"，引导学生对照量表进行自评，修改实验数据记录表	**设计实验方案：** □ 选用适切的实验仪器与药品 □ 能够精确测量反应前各物质的质量总和及反应后各物质的质量总和 □ 符合实验安全要求与操作规范 □ 方案具有可操作性 **设计实验数据记录表：** □ 表格应包括两个方案，记录的变量为实验现象、反应前总质量、反应后总质量等 □ 表格呈现简洁、清晰，便于记录与分析

续表

探究环节 （用时）	科学探究能力进阶与 表现性评价任务	教师课堂决策	科学探究能力 PTA 检核量表
	研读（量表）→ 按照实验方案进行实验与记录数据		
3.实验 与记录 （10 分钟）	**任务四：** 请根据实验方案进行分组实验，并将实验结果填入表中 **方案一** 在底部铺有细沙的锥形瓶中，放入一粒白磷。在锥形瓶口的橡胶塞上安装一根玻璃管，在其上端系牢一个小气球，并使玻璃管下端能与白磷接触。将锥形瓶和玻璃管放在托盘天平上用砝码平衡，记录所称的质量 m_1。然后取下锥形瓶，将橡胶塞上的玻璃管放到酒精灯火焰上灼烧至红热后，迅速用橡胶塞将锥形瓶塞紧，并将白磷引燃。待锥形瓶冷却后，重新放到托盘天平上，记录所称的质量 m_2 白磷燃烧前后质量的测定 **方案二** 在锥形瓶中加入适量稀硫酸铜溶液，塞好橡胶塞。将几根铁钉用砂纸打磨干净，将盛有硫酸铜溶液的锥形瓶和铁钉一起放在托盘天平上称量，记录所称的质量 m_1。将铁钉浸入硫酸铜溶液，观察实验现象。待反应一段时间后溶液颜色改变时，将盛有硫酸铜溶液和铁钉的锥形瓶放在托盘天平上称量，记录所称的质量 m_2。比较反应前后的质量	前置"进行实验并记录数据 PTA 检核量表"，师生一起研读量表并做重点提醒 组织、帮扶学生进行实验与数据记录	**进行实验并记录数据：** ☐ 按照实验方案和注意事项进行规范操作 ☐ 数据记录真实、及时，关注"意外"情况

探究环节 （用时）	科学探究能力进阶与 表现性评价任务	教师课堂决策	科学探究能力 PTA 检核量表
3.实验 与记录 （10 分钟）	 铁钉和硫酸铜溶液反应 前后质量的测定 | 实验方案	方案一	方案二
---	---	---
实验现象		
反应前总 质量（m_1）		
反应后总 质量（m_2）					
4.分析 与论证 （5 分钟）	分析实验结果，初步得出结论 →分析实验过程，修正结论 **任务五：** 1.分析两个实验方案的结果，你有什么发现？ 2.反应前的总质量中包含哪些物质？反应后的总质量中包含哪些物质？ 3.参加反应的物质是哪些？反应后生成的物质是哪些？参加反应的物质的质量总和与反应后生成的物质的质量总和有什么关系？	通过板书，比较反应前后总质量包含的物质，划去反应前后不变的物质，引导学生通过现象逐步看实质	

续表

探究环节 （用时）	科学探究能力进阶与 表现性评价任务	教师课堂决策	科学探究能力 PTA 检核量表
5.得出结 论并评估 （7分钟）	总结得出（实验结论）→对照量表进行自评，并修改（实验结论）→分析（实验误差、改进实验的措施等） **任务六：** 1.通过对实验数据的分析与论证，请写出实验结论 　结论：＿＿＿＿＿＿ 2.分析产生实验误差的原因，并探讨改进实验的措施	1.组织学生总结得出实验结论 2.后置"得出结论 PTA 检核量表"，引导学生对照量表进行自评、修改实验结论 3.组织、引导学生进行实验评估	**得出结论：** ☐ 语言简洁，具有高度的概括性 ☐ 结论科学：参加化学反应的各物质的质量总和等于反应后生成的各物质的质量总和 ☐ 表述严谨，要明确"参加化学反应"
6.从微观 解释认识 本质 （7分钟）	研读（量表）→解释（化学反应前后的质量守恒）→归纳（化学反应的特点） **任务七：** 1.为什么物质在发生化学反应前后，各物质的质量总和相等呢？请以磷和氧气反应生成五氧化二磷为例，用分子和原子的知识加以分析 ●● + ⊝⊝⊝ → ⬤●⬤⬤●⬤ ⬤●⬤⬤●⬤ P　　O₂　　　P₂O₅　　P₂O₅ **化学反应的微观模型** 2.从不变（守恒）与变的维度，归纳总结化学反应的特点	前生"解释 PTA 检核量表"，和学生一起研讨生成量表，引导学生运用分子和原子的知识解释化学反应，进而发现质量守恒定律的本质	**解释：** ☐ 需要依据必要的科学知识 ☐ 要有逻辑性 ☐ 必须与观察、测量、计算等的结果相一致 ☐ 为如何检验解释提出建议 ☐ 有新的科学发现

4.5　影响浮力大小的因素

【教学证据与学生科学探究能力发展目标】

课标要求	P34:探究物体受到的浮力大小与哪些因素有关		
教材解读 学情分析	学习内容要点 （本课题所包括的 主要知识点）	学科核心素养 （学习内容所蕴含的关 键能力与必备品格）	重难点及成因 （请在"学习内容要点"序号前标注： △重点；○难点）
	△1. 提出猜想和假设	能提出猜想与假设，并陈述理由	能够基于观察到的现象和生活经验提出合理假设，并陈述与之相匹配的理由是科学探究的起点，因此是重点
	△○2.制定方案	能运用控制变量法、转换法等科学方法	实验方案是整个科学探究的关键，一旦这里出现问题或者弄不清楚，将影响整个科学探究的推进，因此是重点。考虑到浮力无法直接测量，且该探究活动涉及多个变量，对学生有一定难度，因此又是难点
	△3.分析与论证	运用表格记录并分析实验数据	分析与论证是得出结论的过程，表格法又很直观，因此是重点
	△4. 得出结论并进行评估	归纳、概括、表达与交流等	能够通过分析实验数据，得出科学、严谨的结论并进行评估，是非常重要的科学探究能力，因此是重点

续表

学生科学探究能力发展目标	1.基于生活经验与观察到的现象,提出影响物体所受浮力大小因素的合理假设
	2.借助对一系列问题的系统思考,运用适切的科学方法,正确设计探究浮力大小与液体密度、排开液体体积等因素之间关系的实验方案
	3.能够按照实验规范进行实验操作,并能合理设计表格,对实验数据进行真实记录和分析,归纳浮力大小与液体密度、排开液体体积之间的关系
	4.用科学、严谨的语言概括出实验结论,科学分析实验结论与假设的一致性、实验异常现象及产生的原因等

【基于评价工具的科学探究教学设计与实施】

教学环节/时间	科学探究能力进阶与表现性评价任务	教师课堂决策	科学探究能力 PTA 检核量表
1.明确科学探究问题（1分钟）	**明确科学探究问题：** 物体所受浮力的大小与哪些因素有关?	通过分享活动体验和视频展示的生活现象,提出科学探究的问题	
2.提出猜想与假设（3分钟）	建立（猜想与假设）→说明（理由）→对照量表进行自评并修改（猜想结果与理由） **任务一：** 你认为物体所受浮力大小与哪些因素有关? 又具有怎样的关系? 将你的猜想与假设写在下面,并说明理由	后置"提出猜想与假设 PTA 检核量表",引导学生对照量表进行自评,修改猜想的结果与理由	**提出猜想与假设：** ☐ 能够建立浮力大小与"排开水的体积、液体密度、浸入水的深度"等变量有关的猜想 ☐ 陈述的理由是基于观察到的现象、与浮力有关的知识和生活经验 ☐ 陈述的理由要与提出的猜想与假设保持一致

教学环节/时间	科学探究能力进阶与表现性评价任务	教师课堂决策	科学探究能力 PTA 检核量表
3.设计实验方案（7分钟）	"动脑"与"动手"相结合（一边系统思考问题链，一边写出或画出实验方案）→对照量表进行修改（实验步骤）→设计（实验现象记录表）并对照量表进行自评与修改 **任务二：** "动脑"和"动手"相结合：一边思考如下几个问题，一边动手写出或者画出能够探究浮力大小与相关影响因素关系的实验方案 1.如何测出浮力的大小？ 2.我们如何知道物体浸入液体的体积？应该选择什么形状的研究物体？为什么？ 3.我们还可以如何测量物体浸入液体的体积（物体排开液体体积）？哪种方法更好？为什么？ 4.如何控制变量？ **任务三：** 请根据实验方案，设计实验数据记录表	1.引导学生"动脑"和"动手"相结合，先尝试自主写出或画出实验方案 2.后生"设计实验方案 PTA 检核量表"，组织学生进行小组展示与交流，通过方案的比较和评价生成量表，进而引导学生修改完善方案 3.后置"设计实验数据记录表 PTA 检核量表"，引导学生对照量表进行自评、修改实验数据记录表	**设计实验方案：** ☐ 方案针对浮力大小与排开液体的体积、液体密度等度量之间的关系 ☐ 方案准确运用了控制变量、转换等科学思想方法 ☐ 方案逻辑严密，结构完整 ☐ 方案具有可操作性 **设计实验数据记录表：** 表格 1 表格 2 ☐ 表格 1 中记录的变量为物体浸入液体中的体积、物体所受重力、物体浸入液体中时弹簧测力计读数、物体所受浮力等，均带有科学单位 ☐ 表格 2 中记录的变量为液体种类（液体密度）、物体所受重力、物体浸入液体中时弹簧测力计读数、物体所受浮力等，均带有科学单位 ☐ 需要多次实验，表格 1 与表格 2 均需记录多组数据 ☐ 表格呈现简洁、清晰，如横排为各待测变量，竖排为实验序号；表格 2 还需单独记录控制变量物体浸入液体的体积

表格 1

序号	物体浸在液体中的体积 V /厘米^3	重力 G/牛	弹簧测力计示数 F/牛	浮力 $F_浮$/牛
1				
2				
3				

表格 2

序号	液体种类	重力 G/牛	弹簧测力计示数 F/牛	浮力 $F_浮$/牛
1				
2				
3				

续表

教学环节/时间	科学探究能力进阶与表现性评价任务	教师课堂决策	科学探究能力 PTA 检核量表
	梳理(实验要点)→研读(检核量表)→进行实验并记录现象(同一液体内,物体所受浮力大小与相应浸入液体体积;不同密度液体内浸入相同体积时浮力大小)		

任务四:

按照实验方案进行实验,在设计好的实验记录表中记录下测量的实验数据

保证液体密度相同,改变并记录物体浸入液体中的体积(至少三次),同时观察并记录物体浸入液体前后弹簧测力计的示数

序号	物体浸在液体中的体积 V/厘米³	重力 G/牛	弹簧测力计示数 F/牛	浮力 $F_浮$/牛
1				
2				
3				

保证物体浸入液体的体积相同,选用不同密度的液体(至少三种),观察并记录下物体浸入各液体前后弹簧测力计的示数

序号	液体种类	重力 G/牛	弹簧测力计示数 F/牛	浮力 $F_浮$/牛
1				
2				
3				

教学环节: 4.实验与记录(8分钟)

教师课堂决策: 前置"进行实验并记录现象 PTA 检核量表",师生一起研读量表;组织、帮扶学生进行实验与现象记录

科学探究能力 PTA 检核量表 — 进行实验并记录现象:
- ☐ 规范使用称重法测量浮力
- ☐ 能够科学地测量并正确读出物体浸入液体前后的弹簧测力计示数
- ☐ 数据记录真实、及时、完整
- ☐ 能够关注与记录实验中的"意外"情况

续表

教学环节/时间	科学探究能力进阶与表现性评价任务	教师课堂决策	科学探究能力 PTA 检核量表
5.分析与论证（5分钟）	运用表格法分析（实验数据）→归纳概括（物体所受浮力大小与物体排开液体体积以及液体密度之间的关系）→研读（量表）→归纳概括（影响浮力大小的因素）→分析（实验数据相近的原因） 任务五： 1.分析数据，看看物体在浸入同一液体中时，物体所受浮力与物体浸入液体体积之间存在怎样的关系 2.分析数据，看看在物体浸入液体体积保持一致的情况下，物体所受浮力与液体密度之间存在怎样的关系	后置"运用表格法分析数据 PTA 检核量表"，先组织学生归纳概括浮力大小与浸入（排开）液体体积以及液体密度之间的关系，然后对照量表进行修正与完善	运用表格法分析数据： ☐ 明确两个表格中各数据表示的科学意义 ☐ 能够分别基于两张表格的数据，归纳出与之匹配的科学解释
6.得出结论并评估（5分钟）	总结得出（实验结论）→对照量表进行自评并修改（实验结论）→交流与比较（实验结论）→分析（实验结论与假设一致性、改进实验的措施等） 任务六： 1.通过对实验数据的分析与论证，写出实验结论 结论：_____ 2.比较你所在小组得出的实验结论与其他小组的实验结论有什么差异 3.分析实验结论与开始的假设是否一致 4.分析实验过程中产生实验误差的原因，并探讨改进实验的措施	1.组织学生总结得出实验结论 2.后置"得出结论 PTA 检核量表"，引导学生对照量表进行自评，修改实验结论 3.组织并引导学生对实验过程进行评估	得出结论： ☐ 语言简洁，具有高度的概括性 ☐ 结论科学，液体密度越大，物体浸入液体体积越大（物体排开液体体积越大），物体所受浮力就越大 ☐ 表述严谨，本实验仅能证明浮力与液体密度、物体浸入液体体积（排开液体体积）之间的定性关系，并未能得出阿基米德原理

续表

教学环节/时间	科学探究能力进阶与表现性评价任务	教师课堂决策	科学探究能力 PTA 检核量表
7.进一步探究（5分钟）	**思考并提出进一步的探究问题：**液体密度、物体排开液体体积，这两个变量与物体排开液体的质量、所受重力之间存在怎样的关系？浮力与它们又有怎样的关系？	引导学生进一步思考，基于实验结论与科学推理，提出新的合理假设，并组织、帮扶学生设计实验、开展自主探究	

4.6　凸透镜成像的规律

【教学证据与学生科学探究能力发展目标】

课标要求	P36：通过实验了解凸透镜成像特点		
	学习内容要点（本课题所包括的主要知识点）	学科核心素养（学习内容所蕴含的关键能力与必备品格）	重难点及成因（请在"学习内容要点"序号前标注：△重点；○难点）
教材解读学情分析	△○1.制定方案	1.使用控制变量法 2.使用逻辑性思维 3.科学的语言表达 4.设计数据记录表格	实验方案是整个科学探究的关键，一旦这里出现问题或者弄不清楚，将影响整个科学探究的推进，因此是重点。方案设计需要考虑物距、像距、像的性质（像的大小、倒正、虚实等），数据记录表格涉及变量较多，加上部分学生未很好地掌握数据处理方法，对学生来说有一定难度，因此又是难点
	○2.操作与记录	1.组装仪器 2.调节并测量物距、像距等	

续表

教材解读学情分析	△3.分析与论证	运用表格法等方法分析数据	分析与论证是得出结论的过程,需要用到归纳法等,因此是重点
	△4.得出结论并进行评估	归纳、概括、表达与交流等	如何引导学生得出科学、严谨的结论并进行评估,是重点

学生科学探究能力发展目标	1.借助对一系列问题的系统思考,准确运用适切的科学方法,合理设计探究凸透镜成像性质的实验方案
	2.根据实验方案正确组装光学仪器,改变物距、调节像距,判断清晰像的位置,并记录数据
	3.运用表格法分析数据,归纳凸透镜成像时,像距与物距之间存在的关系,像的性质随物距的变化情况,并举例说明表格法分析数据的优点
	4.用科学、严谨的语言概括出实验结论,科学分析实验结论与开始假设的一致性、实验误差及产生的原因等

【基于评价工具的科学探究教学设计与实施】

教学环节/(用时)	科学探究能力进阶与表现性评价任务	教师课堂决策	科学探究能力 PTA 检核量表
1.明确科学探究问题(1分钟)	**明确科学探究问题:**物体经凸透镜成像的性质与物距存在怎样的关系?	通过绘制凸透镜成像光路图,分析凸透镜成像的原因或影响因素,提出科学探究的问题	**绘制光路图:**☐ 画图符合科学规范☐ 准确画出经过凸透镜的三条特殊光线传播情况
2.提出猜想与假设(2分钟)	建立(猜想与假设)→说明(理由)→对照量表进行自评并修改(猜想结果与理由) **任务一:**你认为凸透镜成像的性质与物距存在怎样的关系? 将你的猜想与假设写在下面,并说明理由	后置"提出猜想与假设 PTA 检核量表",引导学生对照量表进行自评,修改猜想的结果与理由	**提出猜想与假设:**☐ 能够建立凸透镜成像的性质与物距的关系☐ 陈述的理由是基于科学推理如凸透镜成像光学原理图、生活经验、观察到的实验现象如"凸透镜成像的性质随物距改变的变化情况"等☐ 陈述的理由要与提出的猜想与假设保持一致

续表

教学环节 /(用时)	科学探究能力进阶与 表现性评价任务	教师课堂决策	科学探究能力 PTA 检核量表
3.设计 实验方案 (15分钟)	"动脑"与"动手"相结合(一边系统思考问题链,一边画出实验简图)→对照量表进行自评、互评并修改→设计(实验数据记录表)并对照量表进行自评与修改 任务二: "动脑"与"动手"相结合,一边对如下几个问题做系统思考,一边动手画出实验简图 1.实验研究的对象是什么?需要关注哪些变量? 2.怎样布置各光学仪器的位置? 3.怎样改变并测量物距 u? 4.怎样判断像的位置?怎样测量像距 v? 5.如何在实验过程中都能够使像成在光屏中央? 任务三: 请根据实验的变量和研究对象,设计实验数据记录表	1.前生"设计实验电路 PTA 检核量表",引导学生"动脑"与"动手"相结合,通过对一系列问题的系统思考生成量表 2.然后引导学生对照量表进行实验方案的设计 3.师评代表性实验简图,讨论实验操作的可行性,再引导学生修改完善 4.后置"设计实验数据记录表 PTA 检核量表",引导学生对照量表进行自评,修改实验数据记录表	设计实验原理简图: N P F M F Q 2f 2f ☐ 能根据实验简图,简洁叙述实验方案 ☐ 光学仪器布局顺序、高度调节合理 ☐ 仪器安放位置便于在较大范围内改变物距,并能够方便调节像距 ☐ 方案设计合理,明确依次改变物距,调节光屏获取清晰的像,同时测量像距 ☐ 方案具有一定创新性,如针对测量凸透镜的焦距、如何判断最清晰像的位置等方面提出自己的想法 设计实验数据记录表: 凸透镜焦距 $f =$ _____ 厘米(焦距可直接给出)

设计实验数据记录表:

凸透镜焦距 $f =$ _____ 厘米(焦距可直接给出)

	物距 u (厘米)	像距 v (厘米)	像的性质 (侧正、大小、虚实)
1			
2			
3			
4			
5			

☐ 表格中记录的变量为物距、像距、像的性质,注意单位

☐ 需依次改变物距,多次实验,记录多组数据

☐ 表格呈现简洁、清晰,如横排为物距、像距、像的性质,竖排为实验序号,将控制变量凸透镜的焦距单独记录

教学环节/（用时）	科学探究能力进阶与表现性评价任务	教师课堂决策	科学探究能力 PTA 检核量表
4.实验与记录（10分钟）	研读（量表）→组装（仪器）→进行实验并记录数据（物距、像距及对应的像的性质） **任务四：** 1.根据实验方案，把蜡烛、凸透镜、光屏组装到光具座上，调整各仪器的位置及高度，进行实验 2.将蜡烛依次由远到近靠近凸透镜，可每次移动 5 厘米，然后移动光屏，直到光屏上出现清晰的像，测量并记录下每次的物距、像的性质、像距（注意：三个数据要一一对应） 凸透镜焦距 $f=10$ 厘米	1.前置"进行实验并记录数据 PTA 检核量表"，跟学生一起研读量表并做重点提醒 2.组织、引导学生进行实验与数据记录	**进行实验并记录数据：** □ 按照实验简图组装仪器，规范将蜡烛、凸透镜、光屏组装到光具座上 □ 能规范地移动蜡烛的位置，并同时调节光屏位置 □ 能够科学地观察成像情况，并能根据像的清晰程度调节光屏位置 □ 数据记录真实、及时、完整、各组数据一一对应 □ 能分析例如蜡烛因燃烧变短而导致成像位置发生变化的原因，并能正确地将像调整到光屏中央 □ 能够关注与记录实验中的"意外"情况

凸透镜焦距 $f=10$ 厘米

	物距 u（厘米）	像距 v（厘米）	像的性质（侧正、大小、虚实）
1			
2			
3			
4			
5			

续表

教学环节 /(用时)	科学探究能力进阶与 表现性评价任务	教师课堂决策	科学探究能力 PTA 检核量表
5.分析 与论证 (7分钟)	运用表格法分析(实验数据)→归纳概括(成像的性质与物距存在怎样的关系) **任务五：** 1.分析表格中的数据,说明像距随物距怎样变化 2.分析表格中的数据,归纳像的性质与物距存在怎样的关系	引导学生运用表格法分析实验数据,归纳概括成像的性质与物距的关系; 例如: $u>2f$ 时,成倒立、缩小的实像 $u=2f$ 时,成倒立、等大的实像 $2f>u>f$ 时,成倒立、放大的实像	**运用表格法分析数据：** □ 明确横行、纵列所表示的科学意义 □ 说明各横行所代表的物理过程 □ 纵排比较数据,找出像距随物距的变化关系 □ 归纳概括凸透镜成像的性质及与物距的关系
6.得出结论并评估 (5分钟)	总结得出(实验结论)→对照量表自评并修改(实验结论)→交流与比较(实验结论)→分析(实验结论与假设一致性、实验误差、改进实验的措施等) **任务六：** 1.通过对实验数据的分析与论证,请写出实验结论 2.比较所在小组得出的实验结论与其他小组的实验结论有什么差异 3.分析实验结论与开始的假设是否一致 4.分析产生实验误差的原因,并探讨改进实验的措施	1.组织学生总结得出实验结论 2.后生"得出结论PTA 检核量表",引导学生对结论及其得出过程进行反思,生成量表,并对照量表进行自评,修改实验结论 3.组织、引导学生进行实验评估	**得出结论：** □ 语言简洁,具有高度的概括性 □ 结论科学,能够正确描述物距对成像的大小、正倒、虚实的影响 □ 能够总结出凸透镜成像规律,并能预测其他物距的成像情况 □ 表述严谨,能够准确说明像的性质(大小、倒正、虚实)

4.7　通电导体产生热量的多少与哪些因素有关

【教学证据与学生科学探究能力发展目标】

课标要求	P38:通过实验探究影响电流热效应的因素		
教材解读 学情分析	学习内容要点 (本课题所包括的 主要知识点)	学科核心素养 (学习内容所蕴含的关 键能力与必备品格)	重难点及成因 (请在"学习内容要点"序 号前标注: △重点;○难点)
	△○1.制定方案	1.使用控制变量法 2.设计电路	实验方案是整个科学探究的关键,一旦这里出现问题或者弄不清楚,将影响整个科学探究的推进,因此是重点。考虑到设计电流或电阻为无关变量的电路时对学生有一定难度,因此又是难点
	2.操作与记录	1.连接电路 2.滑动变阻器的使用	
	△3.分析与论证	运用表格法、图像法等方法分析数据	分析与论证是得出结论的过程,图像法又很直观,因此是重点
	△4.得出结论并进行评估	归纳、概括、表达与交流等	如何引导学生得出科学、严谨的结论并进行评估,是非常重要的科学学科能力

续表

学生科学探究能力发展目标	1. 借助对一系列问题的系统思考,准确运用适切的科学方法,正确设计探究通电导体产生热量的多少与电流(或电阻)关系的实验方案
	2. 根据实验方案正确连接电路,按照实验器材操作规范测量通过电阻丝的电流与温度的变化量并记录数据
	3. 分别运用表格法与图像法分析数据,归纳通电导体产生热量与电流(或电阻)之间存在的定性关系并通过数据及图像的分析试图得出通电导体产生热量与电流(或电阻)之间存在的定量关系,并举例说明图像法分析数据的优点
	4. 用科学、严谨的语言概括出实验结论,科学分析实验结论与开始假设的一致性、实验误差及产生的原因等

【基于评价工具的科学探究教学设计与实施】

教学环节(用时)	科学探究能力进阶与表现性评价任务	教师课堂决策	科学探究能力 PTA 检核量表
1. 明确科学探究问题(1分钟)	**明确科学探究问题:**通电导体产生热量的多少与电流(或电阻)有怎样的关系	列举生活中利用电流的热效应工作的电器,并通过分析热量产生的原因或影响因素,提出科学探究的问题	
2. 提出猜想与假设(2分钟)	建立(猜想与假设)→说明(理由)→对照量表进行自评并修改(猜想结果与理由) **任务一:**探究电阻(或电流)一定时,通电导体产生的热量与电流(或电阻)之间的关系。将你的猜想与假设写在下面,并说明理由	后置"提出猜想与假设 PTA 检核量表",引导学生对照量表进行自评,修改猜想的结果与理由	**提出猜想与假设:** ☐ 能够建立通电导体产生的热量与电流(电阻)的关系 ☐ 陈述的理由是基于科学推理如电热产生的原因、观察到的生活现象如"制热效果越好的电器铭牌上额定电流越大"等 ☐ 陈述的理由要与提出的猜想与假设保持一致

教学环节 （用时）	科学探究能力进阶与 表现性评价任务	教师课堂决策	科学探究能力 PTA 检核量表
3.设计 实验方案 （10分钟）	"动脑"与"动手"相结合（一边系统思考问题链，一边画电路）→对照量表自评、互评并修改（电路）→设计（实验数据记录表）并对照量表进行自评与修改 **任务二：** 请"动脑"与"动手"相结合：一边对如下几个问题做系统思考，一边动手画出能够改变电流（或电阻）并可以同时观察比较导体产生热量多少的电路 1.实验研究的对象是什么？如何在保持电流一致的情况下令电阻不同？ 2.导体产生热量的多少怎么比较？这是运用什么科学方法？ 3.为了比较电流（或电阻）对导体产生热量的影响，通过怎样的方式改变电流（或电阻）？操作时需要注意哪些问题？ 4.加热的物质为何选择煤油？如果选用水会怎样？ **任务三：** 请根据实验电路，设计实验数据记录表	1.引导学生"动脑"和"动手"相结合，先尝试自主画电路图 2.后置"设计实验电路 PTA 检核量表"，组织学生对照量表进行自评和互评，然后师评代表性实验电路，再引导学生修改完善 后置"设计实验数据记录表 PTA 检核量表"，引导学生对照量表进行自评，修改实验数据记录表	**设计实验电路：** ☐　符合电路规范，仪器布局合理 ☐　能够间接比较导体产生热量的多少 ☐　便于在保证电阻不变的情况下改变电流大小 **设计实验数据记录表：** $R_甲$ 电阻丝阻值不变，通电时间_____ 表格中记录的变量为通电时间、电阻丝阻值、电流、温度的变化量等，均带有科学单位 ☐　需要多次实验，记录多组数据 ☐　表格呈现简洁、清晰，如竖排为待测量"通电时间 t/s"、"电流 I/A"、温度的变化量 $\triangle T/℃$ 并列，横排为实验序号，将控制变量电阻丝类型、通电时间单独表示

其中内嵌表格：

	1	2	3	4
电流 I/A				
温度的 变化量 $\triangle T/℃$				

续表

教学环节（用时）	科学探究能力进阶与表现性评价任务	教师课堂决策	科学探究能力 PTA 检核量表
4. 实验与记录（15分钟）	研读（量表）→连接（电路）→进行实验并记录数据[1分钟内几组不同电流（或电阻）和温度的变化量] **任务四：** 按图连接电路，测量并记下1分钟内几组不同电流（或电阻）和温度的变化量 $R_甲$ 电阻丝阻值不变，通电时间1分钟 表1：1|2|3|4 电流 I/A 温度的变化量 $\Delta T/℃$ $R_乙$ 电阻丝阻值不变，通电时间1分钟 表2：1|2|3|4 电流 I/A 温度的变化量 $\Delta T/℃$ $R_丙$ 电阻丝阻值不变，通电时间1分钟 表3：1|2|3|4 电流 I/A 温度的变化量 $\Delta T/℃$ 其中 $R_甲=10\Omega$；$R_乙=20\Omega$；$R_丙=30\Omega$	1. 前置"进行实验并记录数据PTA检核量表"，帅生一起研读量表并做重点提醒 2. 组织、帮扶学生进行实验与数据记录	**进行实验并记录数据：** ☐ 按照设计的电路图连接电路，开关断开，滑动变阻器滑片移到阻值最大处 ☐ 电流表正确放置，连接止确，选择合适量程 ☐ 通过移动滑动变阻器滑片，测出1分钟内几组不同电流（或电阻）和温度的变化量 ☐ 数据记录真实、及时 ☐ 关注与记录实验中的"意外"情况，能处理实验过程中出现的电路故障

教学环节 （用时）	科学探究能力进阶与 表现性评价任务	教师课堂决策	科学探究能力 PTA 检核量表
5.分析 与论证 （7分钟）	运用表格法分析（实验数据）→归纳概括［通电导体产生热量与电流（或电阻）存在的定量关系］→研读（量表）→运用图像法分析（实验数据）→归纳概括（电流随电压变化的规律）→列举（图像法分析数据的策略与优点） **任务五：** 1.分析表格中的数据，看看电阻（或电流）一定时，通电导体产生的热量与电流（或电阻）存在怎样的定性的关系 2.采用图像法，根据上表中的数据，在坐标图上画出保持电阻（或电流）不变时温度的变化量的图像，并试图归纳概括通电导体产生热量与电流（或电阻）之间的规律	1.先引导学生运用表格法分析实验数据，试图归纳概括通电导体产生的热量与电流（或电阻）存在的定量关系 2.前生"运用图像法分析数据 PTA 检核量表"，引导学生针对图像法处理数据的要点和关键点进行思考，并生成量表 3.组织、帮扶学生进行数据分析，引导学生归纳概括通电导体产生的热量随电流（或电阻）变化的规律 4.请学生简要列举图像法分析数据的策略与优点	**运用图像法分析数据：** 温度的变化量 $\Delta T/℃$ O　　　　　　电流I/A 温度的变化量 $\Delta T/℃$ O　　　　　　电阻R/Ω ☐ 明确纵轴、横轴所表示的科学意义 ☐ 画出各组数据对应点 ☐ 将各点平滑地连接起来 ☐ 归纳概括"平滑连线"反映出的科学规律

续表

教学环节 （用时）	科学探究能力进阶与 表现性评价任务	教师课堂决策	科学探究能力 PTA 检核量表
6. 得出结论并评估（5分钟）	总结得出（实验结论）→对照量表自评并修改（实验结论）→交流与比较（实验结论）→分析（实验结论与假设一致性、实验误差、改进实验的措施等） **任务六：** 1. 通过对实验数据的分析与论证，请写出实验结论 2. 比较所在小组得出的实验结论与其他小组的实验结论有什么差异 3. 分析实验结论与开始的假设是否一致 4. 分析产生实验误差的原因，并探讨改进实验的措施	1. 组织学生总结得出实验结论 2. 后置"得出结论PTA 检核量表"，引导学生对照量表进行自评，修改实验结论 3. 组织、引导学生进行实验评估	**得出结论：** □ 语言简洁，具有高度的概括性 □ 结论科学，得出通电导体产生的热量与电流的二次方（或电阻）成正比例关系 □ 表述严谨，要明确电流（或电阻）一定这个前提条件，以及同一研究对象导体的电流和电压

4.8　电流与电压的关系

【教学证据与学生科学探究能力发展目标】

课标要求	P35：通过实验探究电流与电压的关系		
教材解读 学情分析	学习内容要点 （本课题所包含的 主要知识点）	学科核心素养 （学习内容所蕴含的关 键能力与必备品格）	重难点及成因 （请在"学习内容要点"序号前标注： △重点；○难点）
	△○1. 制定方案	1. 使用控制变量法 2. 画电路图	实验方案是整个科学探究的关键，一旦这里出现问题或者弄不清楚，将影响整个科学探究的推进，因此是重点。考虑到使用滑动变阻器来改变回路中的电流对学生有一定难度，因此又是难点

续表

教材解读学情分析	2.操作与记录	连接电路;电压表、电流表、滑动变阻器等的使用	
	△3.分析与论证	运用表格法、图像法等方法分析数据	分析与论证是得出结论的过程,图像法又很直观,因此是重点
	△4.得出结论并进行评估	归纳、概括、表达与交流等	如何引导学生得出科学、严谨的结论并进行评估,是非常重要的
学生科学探究能力发展目标	1.借助对一系列问题的系统思考,准确运用适切的科学方法,正确设计探究电流与电压关系的实验方案		
	2.根据实验方案正确连接电路,按照实验器材操作规范测量通过定值电阻的电流与电压,并记录数据		
	3.分别运用表格法与图像法进行数据分析,归纳电流与电压之间存在的定量关系,并举例说明图像法分析数据的优点		
	4.用科学、严谨的语言概括出实验结论,科学分析实验结论与开始假设的一致性、实验误差及产生的原因等		

【基于评价工具的科学探究教学设计与实施】

教学环节（用时）	科学探究能力进阶与表现性评价任务	教师课堂决策	科学探究能力 PTA 检核量表
1.明确科学探究问题（1分钟）	**明确科学探究问题:** 通过导体的电流与加在它两端的电压存在怎样的定量关系?	通过分析电流产生的原因或影响因素,提出科学探究的问题	
2.提出猜想与假设（2分钟）	建立（猜想与假设）→说明（理由）→对照量表进行自评并修改（猜想结果与理由） **任务一:** 电阻一定时,电流与电压存在怎样的关系?将你的猜想与假设写在下面,并说明理由	后置"提出猜想与假设 PTA 检核量表",引导学生对照量表进行自评,修改猜想的结果与理由	**提出猜想与假设:** ☐ 能够建立电流与电压的关系 ☐ 陈述的理由是基于科学推理如电流产生的原因、观察到的实验现象如"小灯泡亮度与电流的关系"等 ☐ 陈述的理由要与提出的猜想与假设保持一致

续表

教学环节 （用时）	科学探究能力进阶与 表现性评价任务	教师课堂决策	科学探究能力 PTA 检核量表
3.设计 实验方案 （7分钟）	"动脑"与"动手"相结合（一边系统思考问题链，一边画电路图）→对照量表进行自评、互评并修改（电路图）→设计（实验数据记录表）并对照量表进行自评与修改 **任务二：** "动脑"与"动手"相结合：一边对如下几个问题做系统思考，一边动手画出能够改变电压且可以同时测量电压和电流的电路图 1.为何选用定值电阻作为研究对象？可以改用小灯泡吗？为什么？ 2.怎样测量电阻两端的电压 U？ 3.怎样测量通过电阻的电流 I？ 4.要研究通过电阻的电流 I 怎样随着电阻两端的电压 U 的改变而变化，需要确定改变电阻两端电压的方法。想一想，如果用干电池做实验，怎样改变电压？如果用学生电源做实验，怎样改变电压？如果用滑动变阻器，怎样改变电阻两端的电压？ **任务三：** 请根据实验电路，设计实验数据记录表	1.引导学生"动脑"与"动手"相结合，先尝试自主画电路图 2.后生"设计实验电路 PTA 检核量表"，先组织学生进行方案的展示、交流与对比，教师选取典型案例进行评价，引导学生生成量表，然后组织学生修改完善方案 3.后置"设计实验数据记录表 PTA 检核量表"，引导学生对照量表进行自评，修改实验数据记录表	**设计实验电路：** □ 符合电路图规范，元件布局合理 □ 能够同时测量通过定值电阻 R 的电流和加在 R 两端的电压 □ 便于改变加在 R 两端的电压 **设计实验数据记录表：** $R=$ _____ Ω （表格，列 1~6） 电压 U/V 电流 I/A □ 表格中记录的变量为电阻阻值、电阻两端电压、流过电阻的电流等，均带有科学单位 □ 需要多次实验，记录多组数据 □ 表格呈现简洁、清晰，如竖排为待测量"电压 U/V"与"电流 I/A"并列，横排为实验序号，将控制变量定值电阻单独记录

教学环节（用时）	科学探究能力进阶与表现性评价任务	教师课堂决策	科学探究能力 PTA 检核量表
4.实验与记录（5分钟）	研读（量表）→连接（电路）→进行实验并记录数据（定值电阻 R 两端的电压和同时通过 R 的电流值） **任务四：** 按图连接电路，测量并记下几组电压和电流值（注意：电压与电流要一一对应） 定值电阻 $R=$ _____ Ω 表格：1 2 3 4 5 6 电压 U/V 电流 I/A	1. 前置"进行实验并记录数据 PTA 检核量表"，与学生一起研读量表并做重点提醒 2. 组织、帮扶学生进行实验与数据记录	**进行实验并记录数据：** ☐ 按照电路图连接电路，开关断开，滑动变阻器滑片移到阻值最大处 ☐ 电压表和电流表并排正确放置，连接正确，选择合适量程 ☐ 通过移动滑动变阻器滑片，测出几组不同的电压、电流值 ☐ 数据记录真实、及时，电压与电流要同时记录，保持一一对应 ☐ 关注与记录实验中的"意外"情况，能处理实验过程中出现的电路故障

续表

教学环节 （用时）	科学探究能力进阶与 表现性评价任务	教师课堂决策	科学探究能力 PTA 检核量表
5.分析 与论证 （7分钟）	运用表格法分析（实验数据）→归纳概括（电流与电压存在怎的定量关系）→研读（量表）→运用图像法分析（实验数据）→归纳概括（电流随电压变化的规律）→列举（图像法分析数据的策略与优点） **任务五：** 1.分析表格中的数据，看看电阻一定时，电流与电压存在怎样的定量关系 2.采用图像法，请同学们根据上表中的数据，在坐标图上画出保持电阻不变时电流随电压变化的图像，并归纳概括电流随电压变化的规律	1.先引导学生运用表格法分析实验数据，归纳概括电流与电压之间的定量关系 2.后置"运用图像法分析数据PTA检核量表"，组织学生自主运用图像法进行数据分析，归纳概括电流随电压变化的规律；然后引导学生对照量表对分析过程进行反思与修正 3.请学生简要列举图像法分析数据的策略与优点	**运用图像法分析数据：** □ 明确纵轴、横轴所表示的科学意义 □ 画出各组数据对应点 □ 将各点平滑地连接起来 □ 归纳概括"平滑连线"反映出的科学规律

教学环节（用时）	科学探究能力进阶与表现性评价任务	教师课堂决策	科学探究能力 PTA 检核量表
6.得出结论并评估（5分钟）	总结得出（实验结论）→对照量表进行自评并修改（实验结论）→交流与比较（实验结论）→分析（实验结论与假设一致性、实验误差、改进实验的措施等） **任务六：** 1.通过对实验数据的分析与论证，请写出实验结论 2.比较所在小组得出的实验结论与其他小组的实验结论有什么差异 3.分析实验结论与开始的假设是否一致 4.分析产生实验误差的原因，并探讨改进实验的措施	1.组织学生总结得出实验结论 2.后置"得出结论PTA检核量表"，引导学生对照量表进行自评，修改实验结论 3.组织、引导学生进行实验评估	**得出结论：** □ 语言简洁，具有高度的概括性 □ 结论科学，通过导体的电流与导体两端的电压成正比例关系 □ 表述严谨，要明确电阻一定这个前提条件，以及同一研究对象导体的电流和电压